Escena cotidiana en las calles de Shanghai
(China)

EDICIÓN ORIGINAL

Dirección de la colección
Charles-Henri de Boissieu

Dirección editorial
Jules Chancel

Diseño gráfico y maquetación
Jean-Yves Grall

Cartografía
Légendes Cartographie

Documentación fotográfica
Briggett Noiseux

EDICIÓN EN ESPAÑOL

Dirección editorial
Nuria Lucena, Aarón Alboukrek

Editores adjuntos
Laura del Barrio, Luis Ignacio de la Peña

Coordinación editorial
Jordi Indurain, Verónica Rico

Traducción de Larousse con la colaboración de
Mónica Portnoy

Revisión
Sara Giambruno

© 2004 Larousse, París
© 2004 Larousse, para la edición en español

ISBN: 84 8332 533 0

Impresión: I.M.E. (Baume-les-Dames, Francia)

Reservados todos los derechos. El contenido de esta obra está protegido por la Ley, que establece penas de prisión y/o multas, además de las correspondientes indemnizaciones por daños y perjuicios, para quienes plagiaren, reprodujeren, distribuyeren o comunicaren públicamente, en todo o en parte y en cualquier tipo de soporte o a través de cualquier medio, una obra literaria, artística o científica sin la preceptiva autorización.

Catherine Rollet

La población en el mundo

6 000 millones, ¿y mañana?

LAROUSSE

Biblioteca Actual

Sumario

Prólogo ... 7

Seis mil millones de personas ... 9
Conocer para actuar: el censo de población ... 10
Dos gigantes dominan al mundo ... 12
Un poblamiento muy desigual del planeta ... 14
Más varones que mujeres ... 18
Una población más joven que nunca ... 21
Las pirámides de edad, reflejo de la historia ... 23

¿Revolución o transición demográfica? ... 27
Un crecimiento espectacular ... 28
La transición demográfica ... 31
Ritmos diferentes según los países ... 33
Las políticas de población: una discusión que viene de la antigüedad ... 36
El gran tema del envejecimiento ... 41
El nuevo equilibrio demográfico ... 43

Vivir más tiempo ... 47
El descenso de la mortalidad ... 48
La transición sanitaria ... 53
Viejas y nuevas enfermedades ... 54
La desigualdad frente a la muerte ... 56
¿Hasta qué edad podemos vivir? ... 59

Nacer o no nacer — 63
- Los tres modelos de evolución de la fecundidad — 64
- ¿Qué es una crisis demográfica? — 67
- Panorama de la fecundidad en el mundo — 70
- La segunda revolución anticonceptiva — 76

Migraciones: la otra globalización — 81
- Historia y estrategias de las migraciones — 82
- Los países expulsores — 87
- Los países de tránsito y los países receptores — 89
- Las migraciones de reemplazo o el barril de las Danaides — 91
- Las migraciones internas — 92

Lo previsible y lo imprevisible — 95
- ¿Hacia la estabilización de la población mundial? — 96
- Proyecciones al 2050 — 98
- La influencia del sida — 101
- Urbanización: ¿hasta cuándo? — 103
- La revolución gris — 110
- Los terrenos desconocidos de la postransición — 112

Perspectivas y debates — 114
- Explosión demográfica y alimentación — 114
- De la Europa de los 15 a la Europa de los 25 — 117
- Léxico — 120
- Sitios de Internet — 123
- Índice — 124
- Créditos de las ilustraciones — 126

Las cifras relativas a la población a veces dan vértigo, particularmente cuando se ve la evolución que sufrieron a través de los siglos. Más de un gobernante se ha inquietado por la velocidad que ha adquirido el crecimiento demográfico, cuando durante mucho tiempo la población parecía como dormida en un sistema que no conocía más que aumentos reducidos e irregulares. ¿Acaso se ha entrado en una carrera desenfrenada entre la población y los recursos para la subsistencia en la que el mundo se hundirá rápidamente a causa de su propia población? Es cierto que no puede hacerse nada más que asirse a ciertas cifras que periódicamente se publican en los diarios: la población mundial pasó de 1 a 6 mil millones en menos de dos siglos; algunos países, entre los más pobres, crecen a un ritmo que supera el 3 % anual, lo que significa que la población se duplica cada 23 años; actualmente, la población de China supera los 1 200 millones de habitantes... ¿Quiere decir esto que estamos muy lejos aún de controlar la demografía? Se debe matizar esta aseveración: el objetivo de este libro es justamente demostrar la complejidad de los fenómenos que se están dando y que permiten comprender, ya que no siempre las explican, las tendencias demográficas profundas de hoy y mañana.

Este libro se basa en las enseñanzas del pasado, lejano y próximo, para poder proyectar el porvenir. Extendiendo nuestra mirada a la escala de la historia de la humanidad, llegamos a considerar los dos últimos siglos como un fenómeno transitorio, como los que ya ha conocido el mundo desde sus orígenes. Indudablemente, se puede hablar de aceleración demográfica gracias al efecto de los progresos sanitarios, pero la humanidad ya ha dado saltos formidables hacia adelante desde épocas muy remotas. Lo que ha cambiado fundamentalmente es la escala. Por otra parte, después de esos períodos de aceleración, la población humana siempre se ha equilibrado a un cierto nivel. Sin embargo, los demógrafos disponen de herramientas teóricas y estadísticas que permiten anticipar la idea de que la población del mundo debería estabilizarse dentro de cien años. Desde luego, quedan grandes incertidumbres, particularmente acerca del surgimiento de nuevas enfermedades como el sida o acerca del control de la natalidad en ciertos países de África subtropical. Pero ya se sabe que el máximo crecimiento demográfico de la población mundial se alcanzó en el curso de la década de 1960. Después, ese crecimiento descendió. De hecho, el futuro depende también de nuestra capacidad de regular de manera más justa los flujos de intercambios económicos, de establecer las bases para relaciones pacíficas entre los estados. La demografía no es más que un parámetro entre otros para un futuro que hay que inventar y construir.

Niños en una zona marginal de México. Un sondeo realizado en 1995 entre científicos de 72 países con el fin de conocer su punto de vista acerca de los problemas prioritarios del siglo XXI revela que, después del cambio climático, el segundo problema concierne a la demografía.

El único método verdaderamente fiable para conocer la población de los países es el censo, pero no siempre puede realizarse. A veces, las guerras, la desconfianza de las poblaciones o el analfabetismo complican la tarea de los agentes censales. Con el cambio de siglo, se efectuaron numerosos censos a lo largo y ancho del planeta.

Además del peso gigantesco de las poblaciones de China y la India, se ven tres grandes tendencias: el mundo está poblado de manera muy desigual; globalmente, hay más varones que mujeres; los menores de 25 años nunca fueron tantos.

Mapa de las luces nocturnas realizado por satélite.

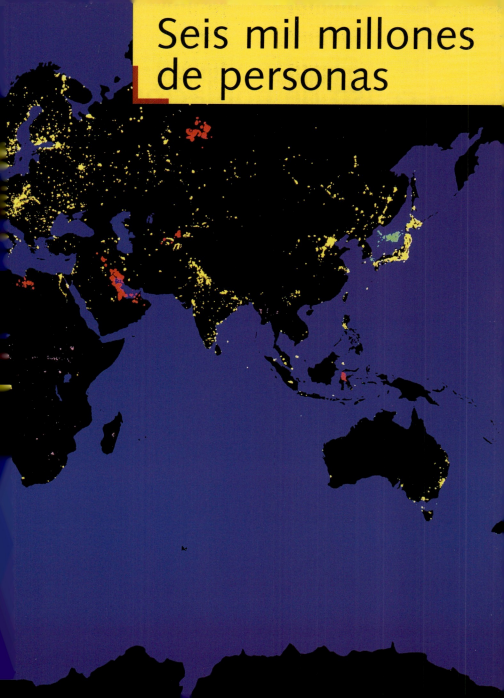

Conocer para actuar: el censo de población

En el 2002, 6 215 millones de personas vivían en la Tierra, de un total de entre 80 000 a 106 000 millones nacidas desde el origen de la humanidad. El mismo año, 79 millones de habitantes se habían incorporado a la población mundial, lo que representaba un crecimiento igual al número de habitantes de Filipinas.

Hay que ser exhaustivo

¿Qué significan realmente las cifras que nos brindan los anuarios de la O.N.U. que recopilan las estadísticas nacionales de los censos?

Estas cifras globales ocultan de hecho una diversidad muy grande, en principio en el tamaño de la población de los estados-naciones, luego en la contribución de los estados al crecimiento global y, finalmente, en la distribución geográfica de la población que habita el planeta.

El único medio existente para conocer el número de habitantes de los diferentes estados del mundo son los censos de población que se realizan en cada país.

Se trata de interrogar a toda la población, y no sólo a una fracción de ésta, en un momento determinado, acerca de un conjunto de temas relacionados, entre otros, con el lugar de residencia, el sexo, la fecha de nacimiento, el estado civil, la profesión u ocupación ejercida, el nivel de instrucción y el número de hijos nacidos vivos. De esta manera se tiene una fotografía de la población en un determinado momento y, si la enumeración censal es exhaustiva, es decir, si cubre a toda la población, se puede calcular la población total de un país, con sus características por edad, sexo, estado civil, categoría profesional, nivel de instrucción y lugar de residencia, entre otras.

Datos, en ocasiones, difíciles de obtener

Siguiendo las recomendaciones de la O.N.U., la mayoría de los estados del mundo realizaron un censo en 1999, 2000 o 2001. La calidad de los censos varía mucho, debido a factores políticos (oposición al censo), culturales (analfabetismo) o coyunturales (guerra, conflictos étnicos).

Dependiendo de los países, los agentes censales se encuentran con diversas dificultades vinculadas a los azares climáticos, al analfabetismo, a las creencias... En algunos casos los habitantes sólo pueden dar una edad aproximada o se equivocan en cuanto a su estado civil; en otros, no se declara a los bebés antes del rito de reconocimiento por parte de la comunidad; en otros, por último, las personas que ingresaron de manera ilegal en algún país no aceptan que las censen por temor a que las expulsen. Los obstáculos son múltiples; sin embargo, desde hace algunas décadas se están alcanzando grandes avances.

¿Se cuenta a todo el mundo cuando hay un censo?

No es fácil ser exhaustivo, es decir, contar simultáneamente a todos los habitantes de un país. China anunció que el censo llevado a cabo en noviembre del 2000 omitió el 1,81 % de la población, lo que equivale a 22,5 millones de habitantes.

En Estados Unidos, se omitieron 8,4 millones de personas en el censo de 1990, y hubo grupos con fuertes subregistros: minorías étnicas, niños, poblaciones pobres de las ciudades… En 1990, no se habían contabilizado cerca de 2 millones de niños, particularmente entre los aborígenes americanos (la tasa de subregistro de este colectivo era del 13,8 %).

Pero, como en las otras poblaciones del mundo, había doble contabilidad —alrededor de 4,4 millones (jubilados, por ejemplo, militares…)—, de manera que el déficit neto se había evaluado en 4 millones, es decir, el 1,6 % de la población estadounidense.

Los datos preliminares del censo de abril del 2000 conducen en este caso a considerar un subregistro neto del 0,7 %. Pero los resultados no son definitivos, y algunos estados y ciudades protestan contra el estado federal porque las cifras rectificadas no se toman en cuenta en la asignación de escaños al Parlamento y en el reparto de los subsidios federales.

A raíz de ese problema que genera el tratar de ser exhaustivo, pero también a causa del costo, varios estados industrializados han decidido renunciar al clásico censo: algunos, como Finlandia, reúnen los datos provenientes de varios registros; otros, como Estados Unidos o Francia, realizan un censo de manera continua (*American Communauty Survey* en Estados Unidos, *Recensement rénové* en Francia).

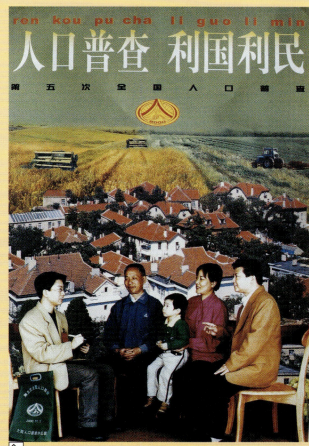

Cartel utilizado para el censo de China en el 2000. De una población total de 1 281 millones de habitantes, al menos 22,5 millones fueron olvidados por los censores, es decir, el 1,81 % de la población total.

Dos gigantes dominan al mundo

Dos grupos asiáticos van en primer lugar: China (1 281 millones de habitantes en el 2002) y la India (1 050 millones), reúnen a más de un tercio de la humanidad.

Se trata de dos países en vías de desarrollo cuyo P.I.B. *per cápita* es inferior a 4 000 dólares estadounidenses por año (en Estados Unidos es de 34 100 dólares). Tras estos dos países, aunque muy atrás, se encuentran Estados Unidos (287 millones de habitantes), Indonesia (217 millones), Brasil (174 millones), Rusia y Pakistán (144 millones cada uno).

Multitud en Nueva Delhi. Con más de mil millones de habitantes en el 2003, la India concentra la segunda población del mundo, después de China, aunque con una natalidad superior.

Los 15 países más poblados

País	Población
China	1 281
India	1 050
Estados Unidos	287
Indonesia	217
Brasil	174
Rusia	144
Pakistán	144
Bangla Desh	134
Nigeria	130
Japón	127
México	102
Alemania	82
Filipinas	80
Vietnam	80
Egipto	71

(en millones de habitantes, 2002)

En total, once estados superan los 100 millones de habitantes, lo que supone el 59 % de la población mundial. El resto de la población se reparte entre 194 países (de acuerdo con el organismo estadounidense *Population Reference Bureau*, que registra estados soberanos o territorios dependientes como, por ejemplo, Macao). De esta manera, el Reino Unido forma parte de un conjunto de siete países cuyo nivel económico es muy diferente y que se aproximan a los 60 millones de habitantes: Reino Unido, Francia, Italia, Turquía, Irán, Etiopía y Tailandia.

De 3 000 a más de mil millones

Algunos estados son minúsculos, como el Principado de Andorra (7 000 habitantes), San Marino (3 000 habitantes) o Malta (39 000 habitantes), en Europa. En Oceanía, la población de los estados es a menudo muy reducida. Por otra parte, seis países contribuyen con la mitad del crecimiento mundial anual: la India con el 21 %, China con el 12 %, Pakistán con el 5 %, Nigeria y Bangla Desh con el 4 % cada uno e Indonesia con el 3 %. Se deduce de estas cifras el peso respectivo de los grandes conjuntos demográficos.

La ecuación demográfica

El aumento o disminución de la población es el resultado de tres procesos: nacimientos, defunciones y migraciones. Este fenómeno puede representarse con una ecuación. Para pasar del 2002 al 2003, la población de un país varía así:

Población a 1 de enero de 2002:
+ Nacimientos
− Defunciones
+ Inmigrantes
− Emigrantes
_____

= población a 31 de diciembre de 2002 (o a 1 de enero de 2003)

Los primeros elementos de la ecuación (nacimientos y defunciones) constituyen lo que se conoce como crecimiento natural (o saldo natural), y los dos últimos, el crecimiento migratorio (o saldo migratorio), que se calcula así:

+ Nacimientos   + Inmigrantes
− Defunciones   − Emigrantes
_____   _____

= crecimiento   = crecimiento
  natural   migratorio

Para el caso del mundo y de México, la ecuación es:

	Mundo (en millares)	México** (en millares)
Población a 1/1/2002	6 175 947	100 650
+ Nacimientos	133 145	2 617
− Defunciones	53 931	503
= CRECIMIENTO NATURAL	79 214	2 114
+ Inmigrantes	—	desconocido
− Emigrantes	—	desconocido
= CRECIMIENTO MIGRATORIO	—	536*
Población a 1/enero/2003:	**6 255 161**	**103 300***

NB: La tasa de natalidad se calcula dividiendo el número anual de nacimientos por la población media (promedio de población entre el 1 de enero y el 31 de diciembre). Lo mismo vale para la tasa de mortalidad. Por sustracción, se obtiene la tasa de crecimiento natural. En el 2003, se tiene para el mundo entero una tasa bruta de natalidad del 22 ‰, una tasa bruta de mortalidad del 9 ‰ y una tasa de crecimiento natural del 1,3 %.
* Valor estimado.
** En México, a la población de 1/1/2002 se agrega el saldo natural (2 114 000 personas) y el saldo migratorio estimado (536 000 personas) para llegar a la población a 1/1/2003.

Seis mil millones de personas

Un poblamiento muy desigual del planeta

El tamaño de los estados difiere considerablemente desde el punto de vista demográfico, aunque las fronteras que resultan de la historia socioeconómica, cultural y política impiden aprehender correctamente las realidades del reparto del poblamiento de la Tierra.

El mapa del poblamiento del planeta hacia mediados de la década de 1990 muestra que la población se encuentra repartida de manera muy desigual y que aparecen zonas homogéneas que ignoran los límites de los países. Existen centros de poblamiento muy denso al mismo tiempo que regiones enteras se encuentran deshabitadas. La zona con mayor densidad de población se ubica en el noreste de Asia, y engloba a Japón, Corea del Sur y la parte oriental de China. Se reconocen ahí las viejas civilizaciones fundadas sobre el cultivo del arroz y del trigo. El segundo centro más importante es la península de la India, sobre todo en su zona norte, a lo largo del Ganges. A estos centros principales puede también agregarse Indonesia, en particular la Isla de Java. Esta vasta región reúne el 60 % de la población mundial.

Campesinos en un arrozal de Camboya.
Con 181 000 km², este país alterna núcleos con una alta densidad de población y regiones deshabitadas.

Luces y sombras del poblamiento

Estos núcleos con una alta densidad de población están rodeados al norte por el Tíbet y el Sin-Kiang que anuncian las planicies siberianas, casi deshabitadas, a excepción de una franja poblada a lo largo del transiberiano. El contraste es impresionante, marcado por la alta cadena del Himalaya y el desierto del Gobi, regiones que durante milenios dieron lugar a barreras importantes entre Oriente y Occidente, aunque no impidieron la existencia de algunos pasos (las rutas de la seda).
El resto del mundo desempeña un papel pequeño frente a estas zonas asiáticas. Sin embargo, el noroeste de Europa, desde Gran Bretaña hasta el norte de Italia, presenta una densidad media bas-

El mapa de las luces nocturnas

Este mapa, fotografiado por satélite y publicado en la revista *National Geographic* en octubre de 1998, es verdaderamente impresionante: se ven al mismo tiempo las luces de los asentamientos humanos (en amarillo), las de los incendios forestales (en rosa), las de los pozos de perforación petrolera (en rojo) y las de las flotas pesqueras (en azul). Las luces que provienen de los asentamientos humanos en la Tierra reflejan bastante bien la densidad del poblamiento, según las líneas descritas previamente, y también remiten al grado de desarrollo de las regiones. Algunas zonas escasamente pobladas como la península escandinava proyectan una luz muy densa, mientras que China y la India se ven menos «iluminadas». América del Sur y, particularmente, África se ven relativamente sombrías, pero por contraste se percibe la intensidad de los incendios forestales (una larga banda en África subsahariana, en Bangla Desh, el Sureste asiático, el norte de Australia…).

La Tierra de noche. Este mapa de luces nocturnas realizado por satélite ofrece una visión llamativa del contraste entre la densidad de población de diversas zonas del mundo.

tante elevada, con excepción de la mayor parte de Francia y la península ibérica. Del otro lado del Mediterráneo, el litoral marítimo del Magreb se encuentra relativamente poblado, así como el valle del Nilo. Salvo algunas excepciones (como Nigeria o la región de los Grandes Lagos), el resto del continente africano apenas está poblado y tiene grandes superficies desérticas tanto en el norte como en el sur. Finalmente, el poblamiento del continente americano no es en absoluto homogéneo: se nota una fuerte concentración a lo largo de las costas y en la región de México, pero, en conjunto, la densidad es baja, particularmente en la región de la selva amazónica.

> **Mapa** *(páginas siguientes)*
>
> *La distribución desigual de la población mundial se explica por razones relacionadas con el medio ambiente. Las regiones poco pobladas corresponden generalmente a un medio desfavorable para el ser humano (desiertos, montañas, selvas…).*

Seis mil millones de personas

del mundo

El Nuevo Mundo
El resto del planeta parece poco poblado, salvo en ciertas zonas: litoral mediterráneo del Magreb, valle del Nilo, Nigeria y regiones de los Grandes Lagos en África, costa noroeste de Estados Unidos y California, México, ciudades de América del Sur…

Más varones que mujeres

En la población mundial se cuentan más varones que mujeres (101 varones por cada 100 mujeres), pero el problema es complejo y vale la pena detenerse en él.

Si atendemos a los nacimientos, siempre nacen más niños que niñas: alrededor de 105-106 niños por cada 100 niñas. Se trata de una ley casi universal descubierta por el británico John Graunt al examinar las actas de bautismo de la ciudad de Londres en el siglo XVII.

Esta ley es verificada en todo momento y en todo lugar, con alguna pequeña variante dependiendo de las regiones (Oceanía) y del momento de las guerras (nacieron todavía más bebés de sexo masculino al final de las dos guerras mundiales en Francia y en Gran Bretaña). Por razones culturales y económicas (culto a los antepasados, transmisión del patrimonio, fuerza de trabajo masculina...), algunas sociedades intentaron modificar este *sex-ratio* [índice de masculinidad] recurriendo al infanticidio o a formas de discriminación que conducen a la muerte de las recién nacidas. En la actualidad, cuando el gobierno ejerce presiones para imponer la limitación de los nacimientos, incluso del hijo único, las familias, que necesitan descendientes masculinos recurren al aborto selectivo posterior a una ecografía, al infanticidio, al abandono o al no registro de las niñas. El *índice de masculinidad* en los nacimientos, en aumento continuo desde principios de la década de 1980, era en 1990 de 112 en China, 109 en Taiwán, 113 en Corea del Sur, 110 en Hong Kong. Llegaba incluso a 117 en China en 1999.

Albergue para ancianos.
En los países industrializados, después de los 60 años, el predominio de mujeres es abrumador.

LÉXICO

[Índice de masculinidad] o *sex-ratio*, es el número de varones por cada 100 mujeres. En el 2000 fue de 101 varones por cada 100 mujeres.

En la edad adulta, en general se observa una mayoría de varones, particularmente si la inmigración es importante. Pero a medida que aumenta la edad, la proporción de varones disminuye, puesto que la mortalidad de los varones es, a cualquier edad (salvo excepciones), superior a la de las mujeres. En 1999, en un país como Francia, el número de mujeres comenzó a superar al de varones a los 27 años. Después de los 60 años, el predominio de las mujeres en los países industrializados fue abrumador. En Francia, en 1999, el *índice de masculinidad* fue de 54,9 después de los 75 años y el desequilibrio se ha incrementado de manera muy rápida. Para los centenarios, el índice de masculinidad alcanza 13,8; es decir, hay algo más de un varón por cada diez mujeres.

Desigualdad entre países

En la población total, históricamente se observa un aumento significativo de la proporción de mujeres en el curso de la modernización (siglos XIX y XX), como si las mujeres se beneficiaran más que los varones de la disminución de la mortalidad y la transformación de las causas de muerte: desaparición de la mortalidad en el momento del parto, menor incidencia en las mujeres de las enfermedades «sociales» (alcohol, tabaco), mayor protección a la salud... La serie de censos americanos permite calcular el *índice de masculinidad* cada diez años desde 1790: por la inmigración, supera 100 hasta la segunda guerra mundial, y llegó a 106 en 1910. A partir de ahí, descendió hasta rondar 95. En todos los países industrializados, se sitúa claramente por debajo de 100 (93 en toda Europa en el 2000).

Por el contrario, en numerosos países donde las mujeres son discriminadas con respecto a los varones, el *índice de masculinidad* es superior a 100. Es el caso de varios países de Asia, de Oriente medio y del norte de África. En esos países, mientras que el *índice de masculinidad* debería ser normalmente inferior a 100 en el 2000 (tomando en cuenta la mortalidad), es muy superior a este valor: 107,2 en la India, 106,7 en China, 108,1 en Pakistán, 104,8 en Egipto, 104,7 en Siria.

Gracias a estos datos, fue posible evaluar el déficit en la proporción de mujeres (*missing women*) en 95 millones en 1990 y en 102,2 millones en el 2000, lo que equivale al 6,5 % y el 5,8 % de la población femenina mundial, respectivamente. Un registro incorrecto o el subregistro pueden contribuir también a acentuar el déficit: por ejemplo, se registra muy mal a las ancianas o a las niñas, al ser consideradas en algunos países como personas que no tienen «valor» para la sociedad.

Abrumadora mayoría de varones en los países productores de petróleo

El caso de los países petroleros es ciertamente particular, pues presentan una aplastante mayoría de varones: el *sex-ratio* es de 135 en Bahrayn, 151 en Kuwait, 135 en Omán, 116 en Arabia Saudí y 186 en los Emiratos Árabes Unidos.

Para extraer petróleo, estos países promovieron la llegada de varones solteros de la región y de países lejanos (como Filipinas, la India, Corea, Pakistán, Sri Lanka...).

Antes de la guerra del Golfo, se evaluaba en un 70 % el aporte de mano de obra extranjera a la población activa de la península arábiga. La guerra del Golfo, entre otros elementos, destacó la extrema importancia de las migraciones internacionales en el mundo actual. Estas migraciones por lo general involucran países alejados.

En el transcurso de los doce meses de 1991, entre 4 y 5 millones de personas debieron abandonar precipitadamente Oriente medio.

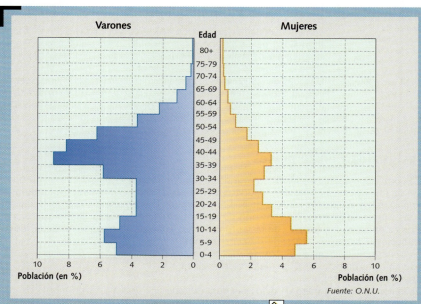

Fuente: O.N.U.

Pirámide de edad de Arabia Saudí (1995). Presenta las características típicas de un país de inmigración: desproporción entre los sexos (muchos más varones que mujeres), predominio de adultos de 30 a 50 años, estratos poco poblados entre los 15 y los 30 años, base de la pirámide bastante ancha que atestigua una fecundidad todavía elevada (casi 6 niños por mujer en 2003).

Esta multitud de Arabia Saudí ejemplifica la situación demográfica de ese país: una mayoría abrumadora de varones jóvenes y una ausencia evidente de mujeres.

Una población más joven que nunca

> En números absolutos, la población mundial comprendía 1 330 millones de jóvenes de menos de 25 años en 1950 y 2 710 millones en 1990. En el 2010, este grupo alcanzará 2 980 millones.

El máximo número de jóvenes se alcanzará probablemente en el 2030, con 3 020 millones; luego, esta cantidad irá disminuyendo lentamente.

Este crecimiento en el número de jóvenes está relacionado con el mantenimiento, durante varias décadas, de una fuerte fecundidad en cierto número de países, así como al descenso de la mortalidad en niños y jóvenes. El descenso de la mortalidad infantil (de menos de un año de edad) y juvenil (de uno a cinco años) equivale a un aumento de la fecundidad ya que sobreviven más jóvenes. Estos fenómenos dan a las pirámides de edad de los países pobres un perfil muy característico: una base muy amplia, como ilustra el discurso del jefe de estado indio Nehru al afirmar que «*La nación marcha sobre los pies frágiles de los niños*».

El incremento en el número de niños fue durante toda una época el signo mismo del desarrollo. Representaban el porvenir de la nación, aunque también la pesada carga que implicaba alimentarlos, curarlos, educarlos, desafío simultáneo para el presente y el porvenir. Efectivamente, estos números significan también que las jóvenes generaciones de hoy, aunque la fecundidad disminuya, engendrarán generaciones aún más numerosas. Este fenómeno de inercia demográfica explica que el crecimiento de la población mundial continuará durante el siglo XXI, a pesar de que las tasas de crecimiento hayan ido disminuyendo desde hace varias décadas (*ver* capítulo 2). En 1998, el contraste entre la pirámide de edad de los países desarrollados y la de los países menos desarrollados era contundente: por un lado, un perfil bastante plano con una disminución en la franja de los jóvenes y los ancianos; por el otro, una pirámide cuya base es bastante ancha. En los países menos desarrollados, los menores de 15 años constituyen la tercera parte de la población total, y en ciertas regiones hasta más (en 2001, el 43 % en África, el 42 % en Iraq, el 47 % en los territorios palestinos, el 44 % en Malaysia…). Por comparación, una quinta parte (20 %) de la población total tiene menos de 15 años en los países desarrollados (el 14-15 % en España, en Grecia, en Italia…). El perfil de los países desarrollados ilustra el porvenir de la población mundial, población que envejecerá rápidamente en el siglo XXI a causa del descenso de la fecundidad y de la mayor esperanza de vida de los ancianos.

> **La pirámide de edad**
> Se trata de un histograma doble que representa, en un año determinado, a los varones (a la izquierda) y a las mujeres (a la derecha) según los diferentes grupos de edad (en años o por estratos de cinco años).
> Se denomina «pirámide de edad» porque la gráfica tiene la forma de una pirámide cuando la fecundidad y la mortalidad son elevadas o al inicio de la transición. A medida que la transición demográfica se lleva a cabo, la pirámide se deforma, tomando la forma de un cilindro, y después de un cono invertido.

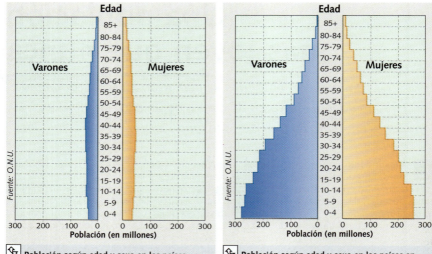

Población según edad y sexo en los países desarrollados (1998). Los países desarrollados presentan un perfil muy plano, con un abultamiento de la población adulta y una escasa población joven. ¡No se parece mucho esta imagen a la de una pirámide!

Población según edad y sexo en los países en desarrollo (1998). La representación de la población de los países en desarrollo se parece mucho más claramente a una pirámide. Los jóvenes son muy numerosos, los grupos de edad disminuyen regularmente con la edad y la cumbre de la pirámide es muy puntiaguda. Todo ello es el reflejo de una población joven correspondiente a una fecundidad aún elevada y a una mortalidad decreciente.

El efecto de una fuerte población joven

¿Qué significa para un país tener el 40 o 50 % de su población con menos de 15 años de edad (como en el caso de Nigeria, por ejemplo)?

El primer efecto inmediato es que disminuye, en proporción, la parte correspondiente a los adultos.

En el 2003, en África subsahariana, el 44 % de la población tiene menos de 15 años, el 3 % tiene más de 65 años; por consiguiente, la proporción de adultos es del 53 % (en Europa, las proporciones son el 17, 15 y 68 % respectivamente). Ahora bien, los adultos son los que tienen la carga de los jóvenes y de los ancianos —como en Nigeria donde, por término medio, un adulto debe satisfacer las necesidades de otra persona. La fuerte proporción de jóvenes tiene además importantes consecuencias económicas y sociales. Como consecuencia, el país debe movilizar medios financieros y humanos considerables para curar, escolarizar, formar. La coyuntura económica tan desfavorable de los últimos treinta años trajo aparejados, bajo la presión del F.M.I. y del Banco mundial, cortes inquietantes en estos sectores, en detrimento incluso del porvenir de esas generaciones. Alimentar y vestir a 8 niños por término medio (en Nigeria) o a 7 (en Malí) recae la mayor parte de las veces en las mujeres, lo que les impide dedicarse a otras actividades (educativas, culturales, profesionales…).

Las pirámides de edad, reflejo de la historia

La historia política y social de cada país puede leerse también en su pirámide de edad, que expresa tanto los grandes dramas como las lentas evoluciones.

Las pirámides de los diferentes países pueden ser muy distintas de los modelos que se acaban de describir: algunos perfiles son muy entrecortados, pues reflejan la agitada historia de esos países. Alemania y Rusia son ejemplos de esto. En ambos casos, se perciben las repercusiones de las dos guerras mundiales, particularmente el déficit de nacimientos entre 1914 y 1918, y entre 1939 y 1945. Se distinguen de igual modo las pérdidas de varones vinculadas a esas mismas guerras: a partir de los 60 años, la proporción de varones es muy inferior a la de mujeres.

Niños víctimas de la hambruna en Rusia en la década de 1920. Los trastornos que siguieron a la revolución de 1917 tuvieron como consecuencia el descenso de la fecundidad y el incremento de las defunciones.

Seis mil millones de personas

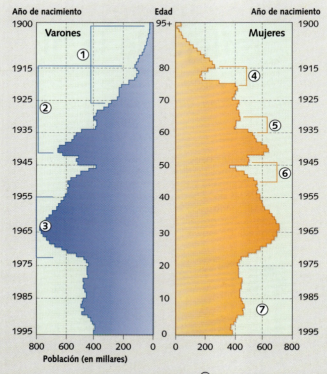

① Déficit de varones, producto de la primera guerra mundial
② Déficit de varones, debidos a la segunda guerra mundial
③ Explosión demográfica posterior a la segunda guerra mundial
④ Descenso en los nacimientos, primera guerra mundial
⑤ Descenso en los nacimientos, crisis económicas
⑥ Descenso en los nacimientos, segunda guerra mundial
⑦ Disminución de la fecundidad a largo plazo

Pirámide de edad de Alemania (a 1 de enero de 1996). Esta pirámide traduce adecuadamente la agitada historia de Alemania: dos guerras mundiales con múltiples consecuencias, explosión demográfica de posguerra y, desde hace más de veinte años, reducción del número de nacimientos, lo que le da este aspecto tan particular.

En Alemania, la explosión demográfica se hace evidente después de la segunda guerra mundial, igual que la disminución en los nacimientos después de la década de 1970: se distingue también en este país el déficit momentáneo de nacimientos durante la crisis económica mundial (1929-1931). La pirámide de Rusia es particularmente tormentosa, ya que ilustra a menudo la dramática historia de ese país desde hace un siglo. A los acontecimientos mundiales se superpusieron movimientos relacionados con las luchas por el poder así como con la política nacional en materia de familia y economía. Por ejemplo, se puede citar la represión hacia los campesinos ricos (kulaks) entre 1928 y 1932, y la hambruna de 1933, circunstancias que tuvieron como consecuencia un descenso de la fecundidad y un aumento de las defunciones. El lanzamiento de una política de natalidad y la prohibición del aborto en 1936 provocaron, a la inversa, un aumento de la natalidad. Más tarde, a partir de 1983, los efectos de la nueva política familiar, proclive también a la natalidad, fueron anulados por el desmantelamiento de la Unión Soviética, que ocasionó una caída de la natalidad a partir de 1989. Se puede prever la tensión que se puede producir en el mercado de trabajo en los próximos años con la llegada a la edad adulta de las abundantes generaciones comprendidas entre 1983 y 1987.

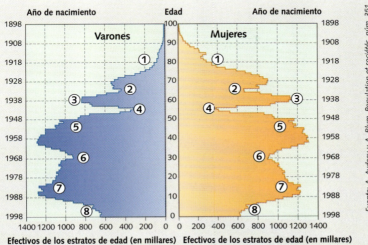

① Déficit de nacimientos producto de la primera guerra mundial, de 1914 a 1918 (estratos poco numerosos)
② Llegada de los estratos poco numerosos a la edad reproductiva; eliminación de los kulaks (1928-1932); hambruna de 1933
③ Prohibición del aborto en 1936 y lanzamiento de la política de natalidad
④ Déficit de nacimientos debido a la segunda guerra mundial, de 1939 a 1945
⑤ Efecto de la «recuperación» de los nacimientos después de la segunda guerra mundial
⑥ Reducción de la fecundidad a menos de 2 niños por mujer
⑦ Efecto de la nueva política familiar (a partir de 1983)
⑧ Caída de la natalidad a partir de 1989

Pirámide de edad de Rusia (a 1 de enero de 1999). La pirámide de Rusia refleja una historia agitada, podría decirse que hasta dramática. En ella se resumen todos los dramas vividos por los rusos: ambos conflictos mundiales (se ve que los cortes de la segunda guerra mundial son mucho más profundos que en Alemania), las consecuencias de las medidas políticas, económicas y sociales adoptadas por los gobiernos, desde las luchas de los campesinos acomodados a finales de la década de 1920 hasta las purgas de la era estalinista, sin dejar de lado la hambruna de 1933. Las medidas que favorecen la fecundidad provocan el nacimiento de generaciones cuantiosas a finales de la década de 1930, por ejemplo, o bien durante la década de 1980. Desde la escisión de la Unión Soviética, la fecundidad decrece de manera clara.

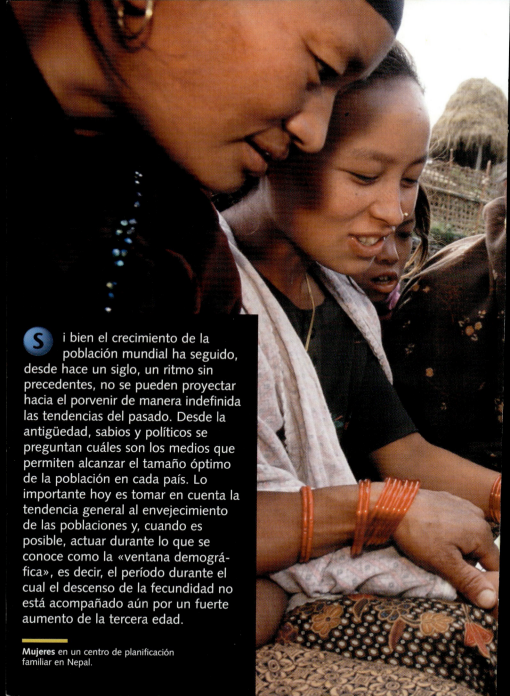

Si bien el crecimiento de la población mundial ha seguido, desde hace un siglo, un ritmo sin precedentes, no se pueden proyectar hacia el porvenir de manera indefinida las tendencias del pasado. Desde la antigüedad, sabios y políticos se preguntan cuáles son los medios que permiten alcanzar el tamaño óptimo de la población en cada país. Lo importante hoy es tomar en cuenta la tendencia general al envejecimiento de las poblaciones y, cuando es posible, actuar durante lo que se conoce como la «ventana demográfica», es decir, el período durante el cual el descenso de la fecundidad no está acompañado aún por un fuerte aumento de la tercera edad.

Mujeres en un centro de planificación familiar en Nepal.

¿Revolución o transición demográfica?

Un crecimiento espectacular

Se necesitaron cientos de miles de años para que en 1800 la población mundial alcanzara los mil millones (alrededor del –500000, debe haber habido medio millón de habitantes en toda la Tierra).

Por el contrario, sólo se necesitaron 130 años para pasar de mil a dos mil millones entre 1800 y 1930. En el siglo xx, el crecimiento se acelera. Al cabo de 30 años, había otros mil millones de personas. El tiempo necesario se reduce a 14 años, luego a 13 y hasta a 12 años para llegar en la actualidad a seis mil millones de personas.
El siglo xxi quizá vea la última duplicación de la población mundial, que podría estabilizarse entre los diez y los doce mil millones de habitantes. ¡Qué aventura!

Tribu de *Homo sapiens*. En la edad de piedra la humanidad dio un gran paso adelante gracias a las innovaciones técnicas (foto de la película de J. J. Arnaud, *La guerra de fuego*, 1981).

Uno de los primeros demógrafos en percibir la magnitud de los cambios en curso en su momento, el francés Adolphe Landry, evocó la idea de una «revolución demográfica», por analogía con lo que había pasado en los siglos xviii y xix en los planos político y económico: ¿acaso no se había iniciado una fase inédita de la historia humana?
La humanidad ya había conocido períodos de importante crecimiento demográfico, en el paleolítico (edad de la piedra tallada) o en el neolítico (invención de la agricultura y la ganadería), pero el ritmo de crecimiento a escala anual debía ser muy débil, menos del 1 %. ¡Nada que ver con la velocidad de

Número de años necesarios para incrementar mil millones de habitantes

Del origen de la humanidad al año 1800	mil millones
130 años (1930)	dos mil millones
30 años (1960)	tres mil millones
14 años (1974)	cuatro mil millones
13 años (1987)	cinco mil millones
12 años (1999)	seis mil millones
14 años (2013)	siete mil millones
15 años (2028)	ocho mil millones
26 años (2054)	nueve mil millones

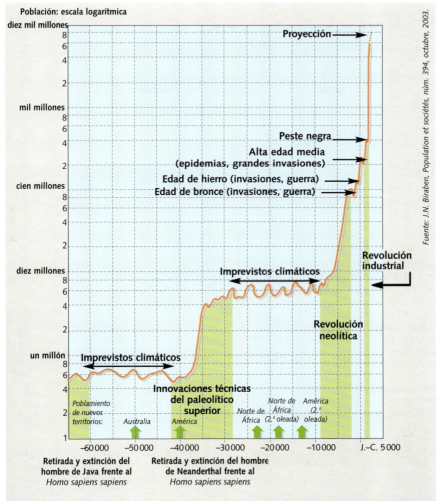

Evolución de la población mundial desde hace 65 000 años. La humanidad ha conocido diversas oleadas demográficas, en la época del paleolítico superior o en el momento de la revolución neolítica (invención de la agricultura). Hacia el 2500 a.C., la población mundial alcanzaba apenas un total de cien millones de personas. La revolución industrial trajo aparejado un formidable salto hacia delante (muy tardío, se ve, en la historia de la humanidad), al hacer pasar la población de cien millones a mil millones en 1800, luego a seis mil millones en la actualidad. ¿Se estabilizará la población antes de alcanzar los diez mil millones de personas en el transcurso del siglo XXI?

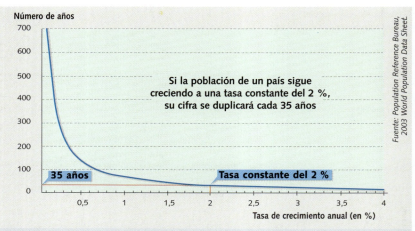

Tiempo de duplicación de una población. El esquema permite leer el tiempo que invierte una población a un ritmo dado para duplicar su población. Cuanto más débil es la tasa de crecimiento, más largo es su tiempo de duplicación: con un 2 %, el tiempo de duplicación es de 35 años; con un 1 %, de 70 años; con un 0,1 %, de 700 años.

crecimiento que caracteriza a la segunda mitad del siglo xx: entre el 0,5 % y 0,8 % hasta 1950; el 1,7 % entre 1950 y 1960; el 2,02 % entre 1960 y 1970! Con este ritmo del 2,02 %, la población mundial se duplica en 35 años. ¿Hasta dónde se llegará?

¿Cómo calcular el tiempo de duplicación de una población?

Existe una manera muy simple de calcular el tiempo que invierte una población en duplicarse. Si una población crece a un ritmo del x % por año, basta dividir 70 por la tasa de crecimiento expresada en % para obtener el resultado.
De esta manera, una población que crece un 2 % por año duplica su población en 35 años ya que: 70 / 2,0 = 35.
La «regla de 70» se debe a que el logaritmo natural de 2 es cercano a 0,7.
En la tasa actual (el 0,7 % en el 2002), China duplicaría su población en 100 años, la India (1,7 %) en 41, Francia (0,5 %) en 140 y España (0,1 %) en 700 años.
La gráfica presentada arriba muestra el tiempo de duplicación de acuerdo con el ritmo de crecimiento.

Crecimiento de la población mundial desde el año 1000

Año	Millones de habitantes
1000	253
1200	400
1340	442
1400	375*
1500	461
1600	578
1700	771
1800	1 000
1900	1 610
1950	2 504
2000	6 127

* (gran peste)

La transición demográfica

Proyectar indefinidamente las tendencias del período 1960-1970 no tendría sentido porque así se olvidaría completamente una revolución silenciosa que actúa detrás de esta subida vertiginosa.

Esta revolución silenciosa es la consecuencia de la transición demográfica, es decir, el ajuste progresivo de la fecundidad y la mortalidad.

Se sabe, en efecto, que el crecimiento casi exponencial de la población mundial durante el siglo XX se debe a esos progresos inauditos que hicieron retroceder la mortalidad y que provocaron que la esperanza de vida pasase de menos de 30 años en el siglo XVIII a más de 67 años en el 2002. El desequilibrio entre los nacimientos (133 millones en el 2002; es decir, 4,2 nacimientos por segundo) y las defunciones (54 millones en el 2002, es decir, 1,7 por segundo) explica el crecimiento anual (79 millones por año, es decir, 2,5 habitantes más por segundo).

Familia estadounidense por Norman Rockwell. Este pintor tan popular ilustró el modo de vida de Estados Unidos y su modelo familiar en la década de 1950.

Como la humanidad vive en un circuito cerrado (¡no existen migraciones hacia otros planetas!), sólo la diferencia entre nacimientos y defunciones explica el crecimiento total actual.

Pero esas tendencias podrían prolongarse a largo plazo: poco a poco, las familias se dan cuenta que ya no es necesario tener tantos niños para asegurar la descendencia, y reducen el número de hijos ajustándolo a las condiciones nuevas de la mortalidad. Anteriormente, era necesario tener de 6 a 7 hijos para que 3 llegaran a la edad adulta; en la actualidad, en las condiciones en las que los que sobreviven son los mejores, basta tener un poco más de 2 (por lo general, un niño y una niña).

El crecimiento natural es el resultado de un excedente de nacimientos con respecto a las defunciones.

Las cuatro etapas de la transición demográfica. Se observa el paso de un régimen demográfico tradicional (etapa 1) a un régimen moderno (etapa 4). En principio, la mortalidad disminuye (etapa 2), lo que trae aparejado un incremento importante del crecimiento natural; luego simplemente, la tasa de natalidad disminuye (etapa 3) permitiendo finalmente un nuevo equilibrio.

El esquema teórico de la transición demográfica

Después de los trabajos del demógrafo Adolphe Landry sobre la «revolución demográfica», la teoría de la transición demográfica fue propuesta por los estadounidenses Frank W. Notestein y Ansley Coale, que propusieron que esta revolución comenzada con el descenso de la mortalidad tenía un propósito. Esta teoría anticipa la idea del paso de un equilibrio entre natalidad y mortalidad elevadas a otro basado en una natalidad y mortalidad bajas.

A un régimen demográfico antiguo, caracterizado por fuertes fluctuaciones anuales (crisis de abastecimiento, epidemias, guerras), por tasas de natalidad y de mortalidad altas que dejaban un excedente natural muy reducido, le seguiría un régimen demográfico más regular basado en el control (relativo) de la fecundidad y de la mortalidad. Entre ambos regímenes, el proceso se desarrolla en dos fases: durante la primera, la mortalidad baja, pero la natalidad permanece elevada, o se acrecienta; durante la segunda, la natalidad también disminuye hasta llegar al nivel de la mortalidad, lo que finalmente generaría la estabilización de la población.

En 1847, Irlanda vivió una hambruna sin precedentes que empujó a millones de personas a emigrar a Estados Unidos y Canadá.

Ritmos diferentes según los países

> A medida que los demógrafos perfeccionaban y multiplicaban sus observaciones, se dieron cuenta que era difícil hablar de un modelo único de transición demográfica.

La comparación, por ejemplo, entre la transición de Francia y la de Gran Bretaña demuestra que, si bien el segundo país se apegó bastante al modelo teórico (desfase muy claro entre el inicio del descenso de la mortalidad y el inicio del descenso de la natalidad), esto no sucede en el caso de Francia: la mortalidad y la natalidad bajaron al mismo ritmo, razón por la que se dio un crecimiento particularmente bajo en ese país (siempre inferior al 1%).

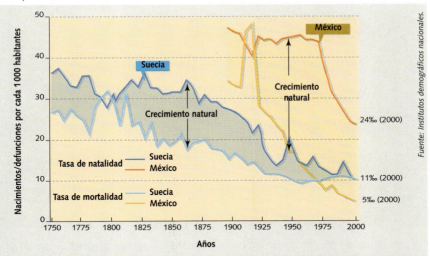

La transición demográfica en Suecia y en México. La transición demográfica comienza en Suecia a partir del siglo XVIII; en México, no aparece sino hasta finales del siglo XX. El desfase cronológico es evidente. Otra característica: la transición mexicana es mucho más «alta» que la sueca, y genera en ese país desde la década de 1950 una tasa de crecimiento anual mucho más elevada que en el pico de la transición sueca (mediados del siglo XIX).
Debe destacarse que la tasa de mortalidad es menos elevada en México que en Suecia a causa de la juventud de la población mexicana.

La transición demográfica mexicana

México supera en la actualidad los 100 millones de habitantes (97,5 millones en 1999, 99,6 en el 2000). Su capital, la Ciudad de México, es la segunda concentración del mundo, después de Tokyo, con 21,7 millones de habitantes, es decir, más de la cuarta parte de la población total. Desde hace algunos años, el crecimiento de esta enorme concentración urbana se ha desacelerado, aunque la situación sanitaria en la mayor parte de los barrios marginales es lamentable. El programa nacional de población puesto en marcha en la década de 1970 permitió reducir de manera significativa el crecimiento demográfico, a pesar de que, comparativamente, sigue siendo elevado (1,9 %). La emigración ilegal hacia Estados Unidos reduce un poco la presión demográfica de ese país joven y todavía pobre (sobre todo en el caso de las minorías indígenas). De aquí a cincuenta años, la población va a crecer aún un 40 %. En menos de un siglo y medio, la población mexicana se habrá multiplicado por 10.

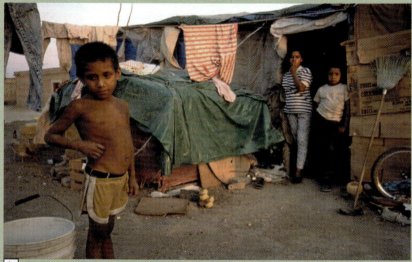

Zonas marginales en México. La urbanización galopante de esta megalópolis provocó, como en otras ciudades de América Latina, la aparición de barrios marginales, donde la situación sanitaria es deplorable.

Por otra parte, el ritmo de la transición puede ser drásticamente diferente según los países. Algunos (los viejos países industrializados) tardaron dos siglos en completar su transición demográfica, mientras que los más jóvenes países en desarrollo lo hicieron en la mitad de tiempo.
La comparación de lo que sucedió en Suecia y en México es particularmente interesante. Se percibe muy bien que la transición sueca se produjo a lo largo de dos siglos y medio, ya que la disminución de la mortalidad comienza en el siglo XVIII y las defunciones alcanzaron al número de nacimientos en el año 2000.
En México, la transición demográfica empezó más de un siglo después, debido a su desarrollo económico más tardío. Iniciado a comienzos del siglo XX, el descenso de la morta-

lidad es, entre las dos guerras, extremadamente rápido. Tanto que la tasa bruta de mortalidad llega a ser inferior a la de Suecia (a partir de la década de 1970). Este fenómeno está relacionado con la numerosa juventud de la población mexicana: como se muere menos en la infancia que en otras edades, México sufre menos decesos que Suecia, pese a que su esperanza de vida es más baja. Lo que sorprende es la rapidez con que se dio el descenso de la mortalidad, mientras que la natalidad se mantiene en un nivel superior al 40 ‰. Se estima que el crecimiento natural, en el centro de la transición, ha sido mucho más alto en México que en Suecia. Luego, la natalidad disminuye también rápidamente, a raíz del efecto conjugado del desarrollo económico y de las políticas de población que se llevan a cabo en México. Este país ha completado su transición en un siglo, mientras que Suecia lo ha hecho en dos. La velocidad de la transición diferencia claramente a los países industrializados de los países en desarrollo: los segundos se enfrentan a evoluciones demográficas brutales al tiempo que carecen de las mínimas infraestructuras, mientras que los primeros pudieron realizar de manera simultánea su revolución industrial y su evolución demográfica. Alfred Sauvy, demógrafo y economista francés, demostró la diferencia en el esquema de descenso de la mortalidad entre los países pobres y los países ricos: para los países pobres, el descenso de la mortalidad, vinculado a la importación de técnicas de prevención masivas (profilaxis contra el paludismo, la fiebre amarilla, vacunaciones masivas...), puede ser relativamente exógeno en comparación con el desarrollo. En los países industrializados, el descenso de la mortalidad es producto del desarrollo, ya que los expertos fueron capaces de demostrar la importancia de factores como el aumento de los recursos, el mejoramiento en la alimentación o los progresos en la infraestructura urbana (drenajes y alcantarillado, agua potable...). Existe una diferencia espectacular que también explica la agudeza de los problemas a los que se enfrentan los países pobres. La «modernización» y la transferencia de tecnologías (particularmente en el ámbito de la medicina) generaron en algunos de esos países una transformación profunda de su equilibrio demográfico tradicional, lo que produjo, en ocasiones, desequilibrios brutales.

LÉXICO

[La profilaxis] es el conjunto de medidas destinadas a prevenir enfermedades.

Crecimiento de la población mexicana desde 1910

	Población (millones de habitantes)	Natalidad (%)	Mortalidad (%)	Crecimiento natural (%)
1910	15,1	33	31	0,2
1930	16,4	50	26	2,4
1950	25,8	46	18	2,8
1960	34,9	45	12	3,3
1990	85,7	29	6	2,3
2000	99,6	24	4	2
2015*	119,6			
2050*	140,2			

* Revisión del 2002 de la Organización de las Naciones unidas.

¿Revolución o transición demográfica?

Las políticas de población: una discusión que viene de la antigüedad

Siguiendo el modelo heredado por los filósofos de la antigüedad, algunos gobiernos creyeron durante mucho tiempo que bastaba con promulgar leyes restrictivas o positivas para lograr una modificación de los comportamientos: tener más hijos, emigrar, casarse antes o después, etcétera.

Platón y Aristóteles tenían como ideal una ciudad cuyo número de habitantes permaneciera estable, y en la cual los matrimonios, los nacimientos y las migraciones fueran controlados por los magistrados. Estos últimos fijarían el número de matrimonios y arreglarían las uniones, privilegiarían ciertos nacimientos y condenarían otros, decidirían los exilios o la inmigración en caso de necesidad: una máquina puesta al servicio de la ciudad-estado desde el punto de vista de la cantidad y la calidad.

Estas perspectivas fueron retomadas y profundizadas por algunos gobiernos y algunos teóricos a partir de la época moderna. En Francia, Colbert pretendió alentar la natalidad otorgando subsidios a los padres nobles que tuvieran diez o más hijos (1666), y favoreció la emigración de poblaciones destinadas a poblar la Nueva Francia (Canadá francés). Más tarde, en el siglo XIX, Francia se comprometió en un intento de lucha contra la «despoblación», con un éxito muy difícil de medir.

Platón (428-347/48 a.C.) soñaba con una ciudad-estado en la que leyes restrictivas permitirían controlar la cantidad y calidad de la población.

Robert Malthus (1766-1834). En 1798, este pastor inglés preconizó una estricta limitación de los nacimientos basada en la responsabilidad individual.

En 1798, el pastor anglicano Malthus (1766-1834), criticando las ideas propuestas por algunos economistas o filósofos que preconizaban la intervención del estado para regular el reparto de la riqueza entre la población, vuelve a lanzar el debate de manera completamente novedosa. Cree poder demostrar que, si no existen obstáculos, la población crece más rápido que los recursos para su subsistencia. Históricamente, las guerras, las hambrunas y las epidemias habrían limitado la población al nivel de los recursos disponibles.

La única solución para salir de esta trampa consiste, de acuerdo con el pastor, en casarse tarde y practicar la castidad, a fin de tener solamente el número de hijos que uno es capaz de alimentar. Así, Malthus destaca la responsabilidad individual, descartando cualquier idea de intervención pública. Esta teoría fue retomada por los economistas liberales, antes de dar origen a la corriente neomalthusianista a mediados del siglo XIX.

El neomalthusianismo

Para limitar los nacimientos, la corriente neomalthusianista recomienda recurrir a diversos métodos, incluida la anticoncepción. En la misma época, el británico Francis Galton desarrolla la teoría eugenista: lo importante para el bienestar de la población no es la cantidad, sino la calidad de los individuos. Para mejorar la especie, es necesario estudiar científicamente las condiciones más favorables para la reproducción y reunir los datos surgidos de diversas disciplinas (biología, higiene, sociología). En el siglo XX, estados como la Alemania nazi, Japón o la Italia fascista pusieron en marcha políticas que buscaban incrementar la población y «mejorar su calidad». Las intenciones a la vez poblacionistas y eugenistas de la política nazi se ven con claridad en las medidas que pretendían favorecer los matrimonios y los nacimientos de ciertas categorías sociales, y eliminar a los discapacitados y a ciertos grupos étnicos o minorías. Gracias a técnicas políticas como la propaganda, o incluso a ciertas medidas sociales y fiscales, el aumento de la natalidad en esos países es evidente, aunque se haya realizado a través de la restricción y la brutalidad, lo que condujo, inmediatamente después de la guerra, a un rechazo total a esas políticas.

Después de 1945, los países que participaron en la guerra se lanzan a la reconstrucción y el desarrollo económico, lo que, salvo en casos particulares como el de Francia, deja un poco a un lado el interés por un intervencionismo de estado. La mortalidad disminuye rápidamente.

El tema de las relaciones entre demografía y desarrollo reapareció con más fuerza cuando los países industrializados se dieron cuenta que la transición de la mortalidad también afectaba a los países pobres, generando incrementos poblacionales considerables.

Algunos países, entre ellos Estados Unidos, apoyan el movimiento del *birth control* [control de la natalidad], que pretende hacer descender la fecundidad. En Puerto Rico experimentan los nuevos métodos anticonceptivos, entre ellos, la píldora.

¿Hacia un consenso?

La reacción de los países pobres es rápida, y en el recinto de la Organización de las Naciones unidas se forma un movimiento de oposición a la política preconizada por Estados Unidos. En el congreso de Bucarest sobre población, realizado en 1974, países como Argelia, Senegal y China sostienen que la mejor píldora es el desarrollo económico y social. Un delegado de Senegal afirma: «Se ha dado un golpe mortal a la ilusión de que la planificación familiar es la panacea del tercer mundo». El antagonismo entre países ricos y paí-

Centro de planificación familiar en Calcuta. A partir de la puesta en marcha de programas de información, en el 2003 la India alcanzó un índice nacional de 3,1 hijos por mujer.

ses pobres llega entonces a su grado más alto. Sin embargo, las posiciones cambiaron mucho después de Bucarest: ¿acaso no fue China la que lanzó a fines de la década de 1970 su política de limitación de nacimientos? Del mismo modo, Argelia y México ponen en práctica medidas tendientes a desacelerar el crecimiento (edad al matrimonio, protección materno-infantil, acceso a los métodos modernos de anticoncepción). El ejemplo de México es sintomático: mientras que este país rechaza en 1974 cualquier objetivo numérico en materia de crecimiento demográfico, aconseja tres años después reducir la tasa media de crecimiento anual del 3,2 % al 1 % por año antes del año 2000. Curiosamente, los mismos Estados Unidos cambian radicalmente de punto de vista, al pregonar la iniciativa individual, la libre empresa y al criticar la intervención del estado durante el congreso que se lleva en México en 1984. Diez años más tarde, en El Cairo, este país se opone a otorgar ayuda a cualquier país que autorice el aborto.

> **El Norte y el Sur: viejos mundos y mundos en desarrollo**
>
> La potencia económica de los países más ricos del planeta se explica en parte por su apogeo demográfico en los siglos XIX y XX: en 1900, una de cada tres personas vivía en un país desarrollado. Después de 1950, este dinamismo geográfico desaparece, pues en el año 2000 sólo un 20 % de la población del planeta se concentra en los países desarrollados. Entre 1900 y el 2000, lo que le corresponde a Europa se reduce a la mitad (el 12 % en lugar del 25 %). Durante estos dos siglos, el conjunto de países menos desarrollados sufre una regresión en un primer momento (el 76 % en 1800, el 67 % en 1900), para tomar vuelo inmediatamente (el 80 % en el 2000). Los dos últimos siglos estarán caracterizados por el trastocamiento del dinamismo geográfico relativo de los dos conjuntos de países.

Cartel del Partido demócrata cristiano belga (1952). Recuerda la encíclica de León XIII (*Rerum Novarum*, «Esas cosas nuevas») en la cual la Iglesia estigmatiza a los socialistas que «rompen los vínculos familiares».

Finalmente, surge una posición común: el desarrollo económico y social es una condición necesaria para reducir el crecimiento demográfico, ya que el desarrollo condiciona el descenso de la mortalidad, a través de mecanismos como la difusión de la instrucción, el mejoramiento de la infraestructura (agua, drenaje y alcantarillado...), la puesta en marcha de centros de salud... Ahora bien, el descenso de la mortalidad es una condición previa al descenso de la fecundidad.

Por otro lado, el desarrollo es una condición no suficiente para la rápida reducción del crecimiento demográfico, ya que este último presenta una inercia que es necesario considerar; además, los cambios profundos de actitudes se dan de manera más lenta.

Los programas de planificación familiar pueden tener cierta eficacia si se integran

¿Revolución o transición demográfica?

Orfanato rumano (1997). La represión brutal del aborto bajo el régimen de Ceausescu trajo consigo un alza en los nacimientos que generó numerosos abandonos.

en programas de desarrollo económico y social. La conferencia de El Cairo, en 1994, del mismo modo que la conferencia de Pekín sobre la mujer, pusieron de relieve el papel de la mujer en la modificación de los comportamientos: una instrucción mejor y mayor autonomía permiten a la mujer adecuar mejor sus decisiones en el ámbito familiar.

Distribución de la población desde 1800

	Población en millones				En % de la población mundial			
	1800	1900	1950	2000	1800	1900	1950	2000
Mundo	978	1 650	2 521	6 055	100	100	100	100
Países más desarrollados	236	539	813	1 188	24	33	32	20
América del Norte	7	82	172	310	1	5	7	5
Europa	203	408	547	729	21	25	22	12
Japón, Australia, Nueva Zelanda	26	49	95	149	3	3	4	2
Países menos desarrollados	742	1 111	1 709	4 867	76	67	68	80
África	107	133	221	784	11	8	9	13
Asia (sin contar a Japón)	611	904	1 321	3 563	62	55	52	59
América Latina y el Caribe	24	74	167	519	2	4	7	9

El gran tema del envejecimiento

La transición demográfica ha ido acompañada de un fenómeno igualmente importante: el aumento en el número de ancianos dentro de la población, fenómeno denominado, aunque no sin ambigüedades, «envejecimiento de la población».

El envejecimiento de los individuos, fenómeno biológico inevitable en el estado actual de la ciencia, aunque pueda retrasarse con píldoras de la juventud, no puede confundirse con el envejecimiento demográfico, fenómeno que no tiene nada de biológico sino que es social, producto de los propios efectos de la transición. ¿Qué sucede durante la transición? Primeramente, como hemos visto, aparece el descenso de la mortalidad. Este proceso comienza por generar un fenómeno inverso al del envejecimiento, ya que las generaciones jóvenes que sobreviven son cada vez más numerosas, como consecuencia del rápido descenso de la mortalidad infantil.

Varios países tuvieron en principio un rejuvenecimiento relativo de su población durante la primera fase de la transición. Tomemos el caso de Argelia: entre 1948 y 1988, los menores de 20 años pasaron del 53 % al 58 % de la población total. Lo mismo sucede en China: entre 1953 y 1964 la proporción de los jóvenes menores de 15 años aumentó del 36,3 % al 40,7 %, mientras que la proporción de los ancianos (65 años y más) pasó del 4,4 % al 3,6 %.

Los primeros tiempos de la transición demográfica pueden acompañarse, según acabamos de ver, de un rejuvenecimiento de la población. Cuando la fecundidad comienza a descender es el momento en que la proporción de quienes tienen más edad empieza a crecer, en detrimento de los más jóvenes: se observa una transferencia hacia los estratos de edades adultas, luego ancianas. El movimiento es en principio lento, luego se acelera a medida que el número medio de hijos por mujer disminuye.

El descenso de la fecundidad se acentúa por otro fenómeno que lo reemplaza, el incremento de la longevidad de las poblaciones de edad avanzada. En este caso, el aumento en la esperanza de vida de la tercera edad contribuye al envejecimiento de la población, trayendo aparejado un aumento relativo de los grupos de edad superiores de la pirámide. Estos tres fenómenos sucesivos —descenso de la mortalidad infantil, descenso de la fecundidad y aumento de la esperanza de vida de los ancianos— conducen entonces a una modificación del equilibrio entre los grupos de edad que componen la población.

Modelo chino, modelo sueco

Para retomar el ejemplo de China, la proporción de personas de edad avanzada comenzó a crecer después de 1964, pasando del 3,6 % en esa fecha al 5,6 % en 1990. Los países que entraron en la transición demográfica hace dos siglos cuentan con porcentajes de ancianos superiores a los de China. En Suecia, el porcentaje de personas de 60 años y más pasó del 8,8 % en 1800 al 11,9 % en 1900, luego al 14,9 % en 1950 para alcanzar el 22 % en el año 2000. En la actualidad, más de la cuarta parte de la población sueca tiene más de 60 años de edad.

Nuevos problemas, nuevos desafíos

Este desequilibrio puede plantear inconvenientes. El rejuvenecimiento que vivieron varios países poco desarrollados pudo haber tenido consecuencias de peso ya que la población adulta disponible para llevar a cabo las tareas productivas (agricultura, industria, servicios) era relativamente escasa comparada con la población de jóvenes cuya supervivencia depende del trabajo de los adultos. A la inversa, el peso creciente de las personas de edad avanzada también puede ser fuerte ya que la carga de estos últimos recae igualmente en los adultos, cuya proporción disminuye. Ahora bien, los ancianos tienen importantes necesidades económicas y humanas, particularmente si llegan a una edad muy avanzada, como sucede cada vez más a menudo en los países industrializados. El nuevo equilibrio instaurado entre «activos» e «inactivos» necesita ajustes que respeten el principio de equidad entre las generaciones y que no aplasten a los adultos bajo el peso de sus cargas de trabajo.

El fenómeno es generalizado y va a continuar a lo largo del siglo XXI, afectando de manera progresiva a todos los países del mundo. Esta característica, inicialmente propia de los países industrializados que entraron antes en el proceso de transición, se extiende por el mundo entero: se trata de un fenómeno universal. Entre el 2000 y el 2050 se espera que se duplique la proporción de personas de 60 años o más, pasando la relación del 10 % al 21 %.

Niño cargado en la espalda de su abuela. Estas dos generaciones ilustran muy bien la situación demográfica actual de China: una longevidad mayor de la población de edad avanzada y un descenso constante de la fecundidad.

El nuevo equilibrio demográfico

La ventana demográfica es un fenómeno generalmente descuidado, aunque es muy importante por sus posibles consecuencias sobre el desarrollo económico y social.

Cartel de un centro de planificación familiar de Singapur (1972). En el 2003, y en medio de leyes restrictivas, este país alcanzó como término medio 1,4 hijos por mujer.

Entre el momento en que desciende la mortalidad, y la población puede «rejuvenecer», y aquel en que desciende la fecundidad, iniciando el proceso de envejecimiento, existe un período corto durante el cual aumenta significativamente la proporción de adultos con respecto a la de jóvenes y la de ancianos. Durante algún tiempo, efectivamente, el descenso de la fecundidad induce una disminución relativa de la proporción de jóvenes, mientras que se incrementa la proporción de adultos, sin que por eso induzca un crecimiento en el número de ancianos. Este período fue denominado por el demógrafo francés Jacques Vallin «ventana demográfica», es decir, que cada país cuenta con un momento demográfico favorable al tener en su población mayor cantidad de adultos, lo que implica potencialmente un mayor número de personas económicamente activas que se involucran más en las tareas directamente productivas: construcción de infraestructura, producción de bienes de consumo…

LÉXICO

[Relación de dependencia]
Se calcula dividiendo las poblaciones jóvenes y ancianas (niños de 15 años o menos, adultos de 65 años o más) entre la población adulta (de 15 a 64 años).

¿Revolución o transición demográfica?

Estructura por edad (en %) y relación de dependencia en 1990

	China	África	Europa occidental
0-14 años	27	45	18
15-64 años	67	52	68
65 años y más	6	3	14
Relación de dependencia	0,48	0,92	0,47

La relación entre personas dependientes (jóvenes y ancianos) y personas activas es favorable. A ese momento, que es corto, sucede inexorablemente el tiempo del envejecimiento. Las relaciones de dependencia que se observan en África, China y en la Europa occidental en la misma fecha (1990) muestran el contraste entre las situaciones de estas poblaciones.

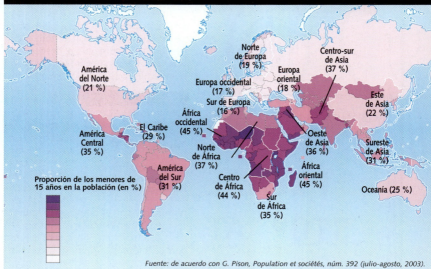

Fuente: de acuerdo con G. Pison, Population et sociétés, núm. 392 (julio-agosto, 2003).

La caída de la fecundidad en toda Europa se traduce en porcentajes de jóvenes menores de 15 años inferiores al 20 %. La proporción de jóvenes en África es más del doble, con excepción de los dos extremos del continente.
Curiosamente, las proporciones observadas en América del Norte y en el Este de Asia (China, Corea del Norte y Corea del Sur, Japón,...) son muy similares —21 y 22 %—, pero traducen cronologías muy distintas en la evolución de la fecundidad (proceso antiguo en Estados Unidos y muy reciente en China).

La relación de dependencia en China y Europa (en el caso de esta última debido en parte a las migraciones) es dos veces menor que en África, a pesar de que a este continente se le impusieron restricciones presupuestarias por parte de organismos internacionales. En esta región, la carga que recae sobre los adultos es muy pesada. Sin embargo, a partir del momento en que el descenso de la fecundidad haga sentir sus efectos, la relación de dependencia se va a mejorar, aligerando esta carga. Entonces, como en China, Europa o tantos otros países (particularmente Corea del Sur, Tailandia y hasta Singapur o Hong Kong), cerca de dos tercios de los adultos podrán dedicarse a las tareas productivas. La epidemia de sida amenaza, no obstante, con dificultar la posibilidad de este cambio en África, pues la enfermedad afecta sobre todo a los jóvenes adultos. Por el contrario, en Europa y en China, el aumento de la tercera edad se va a acelerar en el siglo XXI, a medida que las generaciones poco numerosas nacidas después de 1970 sucedan a las generaciones cuantiosas de la posguerra. El incremento de la relación de dependencia se realizará al mismo ritmo que el descenso de la fecundidad.

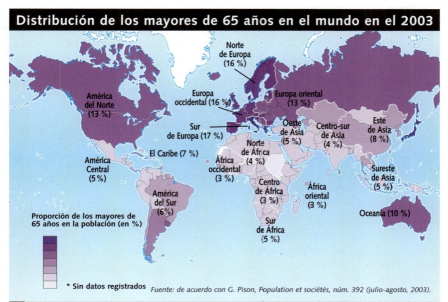

Distribución de los mayores de 65 años en el mundo en el 2003

* Sin datos registrados   Fuente: de acuerdo con G. Pison, Population et sociétés, núm. 392 (julio-agosto, 2003).

El contraste entre los países envejecidos del Norte, particularmente de la Europa occidental, que traduce su envejecimiento en el proceso de transición demográfica y la debilidad de su fecundidad y, por otra parte, los países del Sur, que continúan teniendo proporciones bajas de personas de edad avanzada (África y el Centro-sur de Asia, sobre todo), es sorprendente. Pero el proceso de envejecimiento es inevitable y durante el siglo XXI alcanzará a todos los países del mundo. América del Norte y los países de Europa oriental, aunque por razones distintas, tienen una proporción de ancianos inferior a lo que se observa en Europa occidental. Se trata del efecto ocasionado por la inmigración en Estados Unidos y la menor longevidad en Europa oriental.

¿Revolución o transición demográfica?

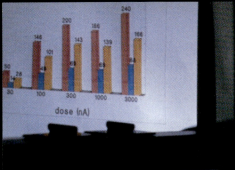
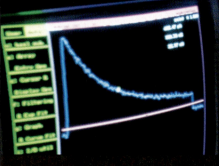
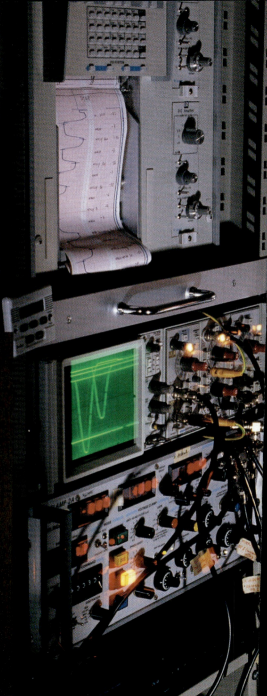

La humanidad experimenta una revolución silenciosa: las personas viven cada vez más tiempo. El fenómeno se inició con el descenso de la mortalidad, sobre todo la mortalidad infantil. Los avances de la medicina se aceleraron inmediatamente. En la actualidad, la longevidad revela la desigualdad entre las regiones del mundo y entre las clases sociales. La desigualdad frente a la muerte también es biológica: por término medio, los varones mueren antes que las mujeres. Todas las hipótesis están sobre la mesa, cuando nos preguntamos hasta dónde podrá llegar la duración de la vida humana.

Laboratorio de investigación farmacológica.

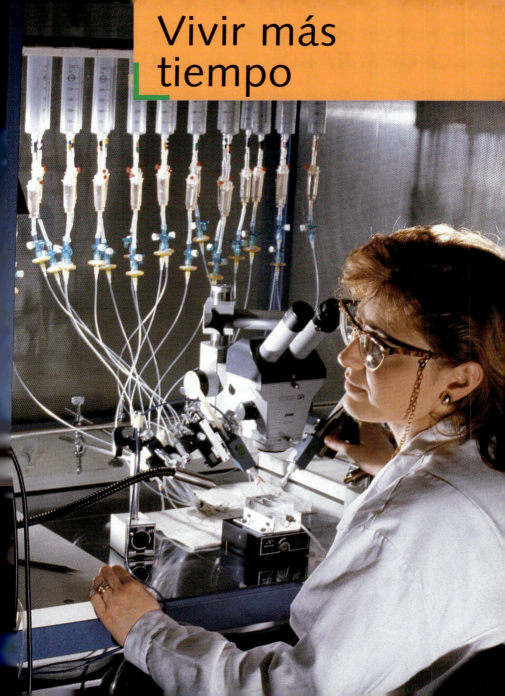
Vivir más tiempo

El descenso de la mortalidad

El fenómeno detonador de la transición demográfica es, indiscutiblemente, el descenso de la mortalidad. Por primera vez en la historia de la humanidad, de manera profunda y general, se ha podido volar el cerrojo que, durante milenios, había encerrado el crecimiento demográfico dentro de unos límites muy estrechos.

Progresivamente se produjo una rápida reducción de la mortalidad —aunque reubicada de acuerdo a las dimensiones de la historia de la humanidad. Superando probablemente el 40 ‰ en el siglo XVIII, hoy en día no es superior al 9 ‰. Así, en la actualidad hay cuatro veces menos defunciones por cada mil habitantes que hace dos siglos, pese a un envejecimiento notorio de la población. Este importante cambio es quizá la condición necesaria para que se produzcan las grandes transformaciones de lo económico y lo social (revolución industrial, urbanización, desarrollo del conocimiento…), al mismo tiempo que éstas son en parte la causa de este cambio. Ambos movimientos arrancaron al mismo tiempo, lo que lleva a una interpretación en términos de interacciones complejas entre lo demográfico y lo socioeconómico, sin descuidar la dimensión cultural y política (nacimiento de regímenes democráticos).

Si se expresa en términos de esperanza de vida al nacer, este cambio es todavía más elocuente: en el siglo XVIII, un campesino (o campesina) europeo podía esperar vivir entre 25 y 27 años; hoy, un estadounidense vive 77 años, y un ciudadano del mundo 67 años (como término medio para ambos sexos en el 2001).

En el mundo occidental, la esperanza de vida se ha triplicado en dos siglos.

El descenso de la mortalidad no afecta de la misma manera a las diferentes edades de la vida. El descenso de la mortalidad en la infancia y en la juventud explica la presión de la esperanza de vida al nacer desde el siglo XIX, lo que provocó, durante un tiempo, el rejuvenecimiento de la población. Los adultos también aprovecharon los avances, aunque de manera menos contundente que los jóvenes. Finalmente, hasta la segunda guerra mundial, la esperanza de vida en las edades avanzadas, en torno a los 60 años, casi no aumentó; esto no empezó a suceder hasta después de 1945.

Evolución de la mortalidad femenina: comparaciones de los cocientes de mortalidad en 1806 y en el 2001 (Francia)

Probabilidad de muerte (‰)	1806	2001	Índice 2001 (tomando como base 100 en 1806)
Entre el nacimiento y un año	175,3	4,4	2,5
Entre 1 y 5 años	151,0	1,0	0,7
Entre 30 y 40 años	120,8	7,0	5,8
Entre 70 y 80 años	659,1	178,7	27,1

La esperanza de vida al nacer

¿Cuál es el significado preciso de una esperanza de vida de 25 años en el siglo XVIII y de 67 años en la actualidad? ¿Acaso quiere decir que hace dos siglos nadie superaba los 25 años y que hoy en día todo el mundo llega a los 67 años? No hay nada cierto en eso. Hace poco, muchas personas morían a muy temprana edad, al nacer y en sus primeros años. Más de la mitad de una generación desaparecía antes de los 20 años. Entre los que sobrevivían, algunos llegaban a ser bastante viejos. En las sociedades tradicionales, los ancianos gozaban a menudo de una situación de privilegio: los años les habían permitido acumular sabiduría y conocimientos cuyo valor era reconocido por la sociedad. En la actualidad, en los países industrializados, es mucho menos frecuente que las personas mueran en la infancia (con fuertes variaciones regionales) o en la edad adulta: las defunciones se concentran en las edades avanzadas, incluso muy avanzadas. La esperanza de vida es de más de 80 años; el 1 % de las defunciones sucede antes de los 50 años y la mitad se produce después de los 75 años. La situación de los ancianos —se utilizan eufemismos como personas de edad avanzada o personas de la tercera edad— ha mejorado (jubilaciones), mientras que, al mismo tiempo, han perdido su prestigio (los «sabios»). La esperanza de vida al nacer se calcula acumulando los años vividos por los diferentes grupos de edad de una población y dividiendo esta suma por el total de la población. Se trata entonces de un término medio de los años vividos por los jóvenes, los adultos y las personas mayores. Este cálculo sólo puede realizarse a partir de una tabla de mortalidad que indica, para una población múltiplo de diez, la distribución de las defunciones y la probabilidad de muerte entre dos cumpleaños así como los sobrevivientes de cada cumpleaños.

La muerte llevándose a un niño (1526). Hasta finales del siglo XVII, la mortalidad infantil era muy alta en los países europeos.

Luego, los años suplementarios se deben al éxito de la lucha contra la mortalidad en edades muy avanzadas, lo que contribuye al envejecimiento de la población.

En principio, la mortalidad ha desaparecido literalmente en las edades jóvenes: en efecto, los más jóvenes han sido los primeros en beneficiarse de los progresos. En casi dos siglos, en Francia, la mortalidad infantil bajó más de 170 puntos, pasando del 175 ‰ en 1806 al 4 ‰ en el 2001, lo que equivale a una disminución

Mapa *(páginas siguientes)*

En el transcurso de las últimas décadas, la esperanza de vida al nacer aumentó en el mundo entero, aunque depende en gran medida de la situación sanitaria de los países y de las condiciones materiales de existencia.

Esperanza de vida al nacer

AMÉRICA DEL NORTE
(V 75/M 80)

AMÉRICA CENTRAL
(V 71/M 76)

EL CARIBE
(V 67/M 71)

AMÉRICA DEL SUR
(V 67/M 74)

El impacto de las transiciones sanitarias

Una parte de América Latina (Brasil, Bolivia) experimenta una situación intermedia con una esperanza de vida que ronda los 65 años. La transición sanitaria (cambio en las causas de defunción) ha sido en esos países más lenta que en Argentina, Chile o América Central. El mismo fenómeno sucede en Europa oriental, aunque la causa reside en el retroceso de la esperanza de vida desde la década de 1970 tras un período de avances espectaculares.

Esperanza de vida Varones/Mujeres en años (2003)

Esperanza de vida al nacimiento (sexos reunidos) en 1995-2000

	años
	79,5
	73,8
	68,3
	62,6
	57,0
	51,5

Fuente: G. Caselli, J. Vallin, G. Wunsch, les Déterminants de la mortalité, I.N.E.D., 2002.

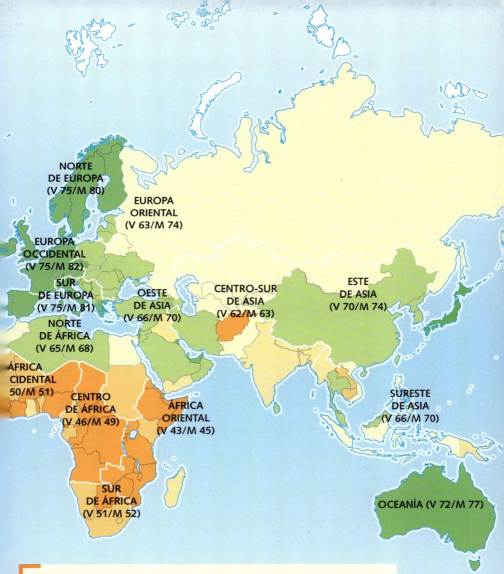

Disparidades abrumadoras

El mapa refleja las desigualdades en el ámbito de la salud en el mundo. La esperanza de vida de un país como Japón (80 años) es el doble de la de Sierra Leona (37,5 años), lo que refleja la oposición entre países industrializados y países pobres. En África, la baja esperanza de vida se explica por factores diversos: la fuerte mortalidad infantil en ausencia de vacunación, la incidencia elevada de enfermedades infecciosas y parasitarias, a consecuencia del sida, la insuficiencia de las infraestructuras como el traslado de agua potable, etcétera.

Vencer la mortalidad infantil

Los niños son víctimas de enfermedades contagiosas específicas (sarampión, viruela, paperas, tos ferina, difteria, fiebre tifoidea...).
Cualquier mejora en el medio ambiente (particularmente en el agua, pero también en el hábitat) y en la alimentación (leche) y cualquier acción específica contra las enfermedades infantiles (como la vacunación sistemática) repercuten sobre la probabilidad de muertes. En numerosos países europeos, la mortalidad infantil se «detuvo» por primera vez en 1800, cuando se dieron las primeras campañas de vacunación antivariólica, en un contexto climático propicio. Lo hizo por segunda vez alrededor del 1900, tras las transformaciones del medio ambiente urbano, los nuevos descubrimientos para el tratamiento de enfermedades como la difteria (suero de Roux, 1894) y las tecnologías adecuadas relacionadas con la leche. Más tarde, vacunas diferentes, la BCG entre ellas, permitieron vencer la mayor parte de las enfermedades que afectan a los niños, y nuevos medicamentos curaron numerosas infecciones, particularmente las pulmonares.

Albert Calmette (1863-1933), médico francés, descubrió y perfeccionó, junto con Camille Guérin, la vacuna contra la tuberculosis (BCG).

de aproximadamente un 98 %. Es habitual que en la actualidad se supere el límite del primer año —era el premio para el 20 % de una generación—: únicamente el 0,4 % de una generación muere antes del año. Igualmente, la mortalidad entre 1 y 5 años también retrocedió muchísimo, más claramente todavía que la mortalidad infantil: en dos siglos el riesgo descendió un 99 %. El cociente de mortalidad entre 1 y 5 años en el 2001 ya no representa, para el sexo femenino, más que el 1 % del valor observado en 1806 (ver cuadro de la página 48). En la edad adulta (30-40 años), el mismo índice alcanza el 6 %, y alrededor de los 70 años, el 27 %. En todos lados, la marcha de la transición de la mortalidad es la misma: primero se reducen las muertes en las edades más jóvenes, luego en las edades adultas, y finalmente en las edades avanzadas.
Los avances se dieron de manera más lenta, y sobre todo más tardía, después de los 60 años: de hecho, no se registran verdaderos progresos, al menos para el sexo masculino, sino hasta después de 1945. Aunque es cierto que el ritmo del incremento de la esperanza de vida a esa edad luego se aceleró, particularmente para las mujeres. Así, en 1946, la esperanza de vida femenina a los 60 años en Francia era de 17,9 años, es decir, 4,94 años más que en 1806; en 1974, ganó 3,4 años, estableciéndose en 21,3 años; mientras que en el 2001, alcanzaba los 25,8 años. Este avance en la esperanza de vida a edades elevadas es el que participa en el fortalecimiento del envejecimiento de la población (envejecimiento llamado «por la cima»).

Problemas específicos en cada grupo de edad

Esta diferenciación de los avances en el tiempo según el grupo de edad se debe a la sensibilidad particular que cada uno de ellos presenta frente a los factores susceptibles de actuar sobre la mortalidad. Los primeros años de vida son muy sensibles a las condiciones ambientales y alimenticias.

La transición sanitaria

> El término se aplica al cambio que se produce a largo plazo en las causas más importantes de defunción. Las enfermedades infecciosas agudas se van reemplazando poco a poco por las enfermedades crónicas y degenerativas.

La caída inicial se debe en gran medida a la disminución de las enfermedades infecciosas, sobre todo en el caso de los más jóvenes. A medida que los niños sobreviven y se hacen mayores, se exponen a factores de riesgo vinculados con las enfermedades crónicas y los accidentes. Y como el descenso de la fecundidad trae aparejado un envejecimiento de la población, las cantidades crecientes de personas mayores transforman el perfil general de la morbilidad, con una incidencia más importante de las enfermedades degenerativas.

Transiciones desfasadas en el tiempo

En síntesis, las transformaciones profundas del cuadro de enfermedades que afectan al ser humano contemporáneo forman parte intrínseca del proceso demográfico, aunque algunos estudiosos estiman que algunas enfermedades, y el sistema complejo que forman entre sí y con el mundo vivo, «viven su vida» independientemente de las grandes evoluciones de la población. Es importante circunscribir los diferentes aspectos y las diferentes formas de las transiciones, ya que de su comprensión depende un sinfín de decisiones colectivas relacionadas con la salud humana. Si bien todos los países del mundo ya han comenzado esta transición sanitaria, su grado de compromiso varía de manera considerable. Muy avanzada en los países industrializados, la transición sanitaria también está bien encaminada en América Latina y en la región del Caribe. En Asia, el paisaje epidemiológico es más variado, con progresos destacables y rápidos como los que se dieron en China o en Corea, y ritmos más lentos en el sur de Asia (Asia, Bangla Desh). En África los progresos se dan de manera más tardía: a veces son espectaculares, pero en ese continente se registran las mayores zonas de mortalidad elevada, con un predominio neto de las enfermedades infecciosas y parasitarias.

El retroceso de las enfermedades infecciosas en «beneficio» de los cánceres y las enfermedades cardiovasculares constituye en realidad el paisaje de fondo de esta transición. Por el contrario, en los países que aún tienen una baja esperanza de vida (África subsahariana, algunos países de América Latina, varios países asiáticos), las enfermedades infecciosas siguen dominando el paisaje, y afectan particularmente a los niños (sarampión, paludismo), aunque también a adolescentes y adultos.

> **Las patologías del desarrollo**
>
> En Corea, por ejemplo, la esperanza de vida aumentó 20 años entre 1930 y 1980: las enfermedades infecciosas y parasitarias, las enfermedades del aparato respiratorio y del aparato digestivo, que en 1930 provocaban un 50,5 % de las defunciones, sólo originaron un 16,7 % de éstas en 1980. Los cánceres, las enfermedades del sistema circulatorio, las muertes violentas y las enfermedades geriátricas ocuparon el primer lugar, causando el 78,5 % de las defunciones producidas en 1980. En Francia, las enfermedades cardiovasculares constituyeron la primera causa de muerte en 1990, ocasionando el 38 % (un 27 % se debió a los distintos tipos de cáncer).

Viejas y nuevas enfermedades

El movimiento general de descenso de la mortalidad no es lineal ni uniforme. Existen, por ejemplo, casos en los cuales la esperanza de vida se estanca y, a veces, hasta decae. De la misma manera, la mortalidad adulta puede registrar sólo débiles avances, o incluso empeorar.

Desde mediados de la década de 1960 hasta la década de 1980, en países como Checoslovaquia, Rumania, Yugoslavia, Bulgaria y Polonia, la mortalidad de los varones adultos, en lugar de disminuir, como sucedía en la mayoría de los países industrializados, creció del 20 al 40 %.

Venta de alcohol en el mercado negro ruso. El alcoholismo, nueva enfermedad social, es causa de una fuerte sobremortalidad masculina.

Hábitos tales como los regímenes alimenticios con exceso de grasas o sal, el abuso del alcohol o del tabaco, la falta de ejercicio, explican el aumento de enfermedades cardiovasculares y de enfermedades digestivas, a lo que se agrega el incremento de muertes violentas y los accidentes. La prueba de esta incidencia de las costumbres la dio el aumento momentáneo, aunque muy claro (en 1985-1986), de la esperanza de vida masculina en la U.R.S.S. cuando Gorbachov adoptó medidas muy restrictivas con respecto al alcohol. Pudiera suceder lo mismo en algunos países pobres de África y de Asia, en los que el consumo de alcohol (particularmente de cerveza) y de tabaco avanza a mucha velocidad. Estas «enfermedades de la abundancia» podrían convertirse en causas importantes de mortalidad en el seno mismo de los países más pobres del planeta, situación tanto más grave cuanto que lo más probable es que se carezca de los medios para curar esas enfermedades.

Además, y se comprueba con hechos recientes, se está lejos de haber erradicado viejas patologías infecciosas o parasitarias: enfermedades como el cólera, la peste o el paludismo se presentan todos los días en los países pobres. El paludismo, transmitido por un mosquito, constituye en la actualidad una grave amenaza para regiones completas, debilitando a los adultos y ocasionando varios millones de muertes al año. Después de la guerra se creyó poder eliminar la plaga con insecticidas (destrucción de las larvas de los mosquitos) y medicamentos (protección contra la multiplicación de parásitos en la sangre humana), pero hubo que desengañarse rápidamente. En Colombia se espera poder proteger a la población con una vacuna. Finalmente, el sida recuerda de manera brutal que el mundo moderno no está protegido contra las nuevas enfermedades, las cuales surgen porque el complejo de enfermedades (patocenosis) sigue evolucionando, y también cambia el comportamiento humano (particularmente en el campo de las relaciones sexuales).

Un nuevo riesgo alimentario apareció con fuerza: la «enfermedad de las vacas locas», vinculada con la modificación del régimen alimenticio de los animales.

> **Desaparición de la viruela**
> La única enfermedad que fue completa y verdaderamente erradicada de la faz de la Tierra es la viruela (el último caso se registró en 1977 en Somalia), que se benefició de la primera vacuna (Jenner, 1796).
> A fines del verano de 1994, la peste, en sus dos formas, bubónica y pulmonar, hizo estragos en la India, en el lugar en que, un año antes, se produjo un violento terremoto que destruyó las frágiles redes de protección sanitaria.
> El cólera reaparece periódicamente en las regiones en conflicto de África (Ruanda) o en América del Sur.

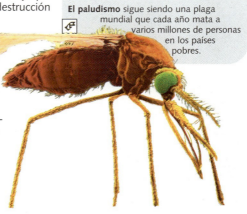

El paludismo sigue siendo una plaga mundial que cada año mata a varios millones de personas en los países pobres.

Vivir más tiempo

La desigualdad frente a la muerte

> Se sabe que, para que una población se reemplace en un país desarrollado, más allá del aporte migratorio, son necesarios aproximadamente 2,1 hijos por mujer. Pero para la mortalidad y la esperanza de vida casi no existen límites para nuestras especulaciones: ¿hasta dónde puede llegar el progreso? ¿Dónde comienza la ilusión?

Las desigualdades económicas y sociales

En el mundo contemporáneo, la esperanza de vida al nacer señala con fiabilidad el nivel sanitario de los diferentes países; es más, por lo general, constituye un buen indicador del desarrollo.

En el 2001, la O.N.U. calculaba las esperanzas de vida de acuerdo con lo siguiente: 70-78 años en Europa (la primera cifra corresponde a los varones; la segunda, a las mujeres), 72-76 en Oceanía, 70-76 en América, 65-68 en Asia, 52-55 en África. Los países más desarrollados son también aquellos cuya esperanza de vida es más alta: Japón, 77-84; Suiza, 77-83; Islandia, 78-81; Suecia y Hong Kong, 77-82, Noruega, 76-81; Canadá y Grecia, 76-81; Francia, 75-83; Estados Unidos, 74-80… Los japoneses ostentan el récord, ya que viven 84 años como término medio. Por el contrario, numerosos países no superan los 55 años: es el caso de los países africanos en conjunto, exceptuando el Norte de África. Como término medio, la esperanza de vida alcanza únicamente 46-50 años en el centro de África, 49-51 años en África oriental, 50-52 en África occidental y 51-53 años en el Sur. En esas regiones, los varones y las mujeres viven alrededor de 30 años menos que en Europa occidental o Japón.

Las desigualdades no sólo son regionales, existen también en el seno de las sociedades más avanzadas.

Es probable que, en Rusia, la diferencia entre los privilegiados del nuevo sistema y los olvidados de la transición hacia la economía capitalista se haya amplificado de manera significativa durante la década de 1990. En China, las provincias nunca se beneficiaron de los progresos que se llevaron a cabo a partir de la creación, en 1949, de la República Popular China. En 1990, la esperanza de vida de los habitantes de Shanghai se acercaba a la de los japoneses o los europeos, mientras que la de las provincias pobres del Sur y del Oeste no superaba la de Bangla Desh (menos de 60 años).

Ricos y pobres frente a la muerte

Varias encuestas realizadas en Francia demuestran que, lejos de acabarse, las desigualdades sociales frente a la muerte persisten e incluso se agravan desde la crisis económica de la década de 1970. Los ejecutivos cuya edad era de 35 años entre 1980 y 1989 tenían alrededor de ocho años más de expectativa de vida que los obreros especializados. En Estados Unidos, las diferencias entre grupos étnicos no se atenuaron; la brecha seguía siendo entre 1983 y 1985 de 1 a 2 para la mortalidad infantil entre los blancos y los negros, lo que refleja las diferencias de acceso a los cuidados durante el embarazo y en lo relacionado con la seguridad social.

La desigualdad biológica

Hoy en día, las mujeres viven más tiempo que los varones. En el 2001, en el mundo, la esperanza de vida de los varones era de 65 años, es decir, cuatro años menos que la de las mujeres (69 años). Esta brecha puede superar incluso los 10 años (Rusia, 59-72 años). Uno de los hechos destacados en la evolución de la mortalidad desde hace dos siglos reside en la brecha creciente en la esperanza de vida entre ambos sexos, fenómeno que atañe a todos los países industrializados. De unos dos años hacia 1900, en 1970 la diferencia entre el tiempo de vida promedio de varones y mujeres llegó a ser en Estados Unidos de más de siete años. A partir de esa fecha, la diferencia disminuye para alcanzar un poco más de cinco años en el 2000. Los demógrafos estadounidenses señalan que la diferencia máxima se debió a la incidencia de las enfermedades cardíacas (en un 40 %), al consumo de tabaco (en un 25 %), a las conductas de riesgo (automóvil, consumo de drogas y otras patologías sociales). Desde la década de 1970, el acercamiento entre los comportamientos de varones y mujeres (particularmente el aumento del tabaquismo en el caso de las mujeres) explicaría la disminución de la diferencia.

Manifestación de personas obesas (Estados Unidos). Los nuevos hábitos conllevan nuevas enfermedades denominadas «de abundancia».

Una sobremortalidad masculina elevada

Otros países industrializados no experimentaron esta evolución: en Francia, por ejemplo, el diferencial de mortalidad sigue siendo muy elevado en el 2001 (más de ocho años), aunque el fenómeno todavía es más impresionante en Rusia y en las repúblicas bálticas. Desde hace varias décadas, la degradación de la salud humana, vinculada al choque provocado por el desmantelamiento del sistema soviético, a la transformación del sistema de seguridad social y del sistema sanitario, explica este dramático proceso. Pese a los avances registrados tanto para los varones como para las mujeres, de los cuales es testimonio el aumento en la esperanza de vida, ambos sexos no «incorporaron» los progresos del mismo modo: las mujeres son claramente beneficiarias mientras que los varones experimentaron, sobre todo en el caso de jóvenes adultos, aumentos significativos en la mortalidad.

Biología y comportamientos

Para comprender este preocupante proceso, hay que resaltar los dos tipos de factores principales que desempeñan cierto papel en esta diferenciación: el factor biológico y el factor de la conducta. El factor biológico no puede ser negado debido a que la sobremortalidad masculina aparece desde el nacimiento e incluso durante la vida intrauterina: en los países desarrollados, en el transcurso de la primera semana de vida, los recién nacidos de sexo masculino experimentan una sobremortalidad del 25 % respecto de la que experimenta el sexo femenino. Existe, pues, una fragilidad del sexo masculino que generalmente se atribuye a factores genéticos, hormonales y hasta anatómicos. Estas diferencias biológicas permitirían dar mejor cuenta de la sobremortalidad masculina en las edades jóvenes y avanzadas.

Por otra parte, los factores relacionados con la conducta desempeñan un papel fundamental para explicar el formidable crecimiento de la sobremortalidad en la adolescencia y a inicios de la edad adulta, así como el segundo pico de mortalidad posterior a los 50 años. La forma de vivir, la adopción de comportamientos «de riesgo» —conducir vehículos de motor, incluidos los de dos ruedas (bicicletas, motos, etc.), relaciones sexuales sin protección, prácticas deportivas de alto riesgo—, la menor atención a los problemas de salud, factores todos que contribuyen a acentuar la brecha entre varones y mujeres. Las causas de mortalidad más discriminatorias entre ambos sexos son, en realidad, por un lado las muertes violentas (accidentes, suicidios), por otro las enfermedades relacionadas con el consumo de tabaco y de alcohol y, finalmente, el sida. En cualquier edad, los varones consumen más tabaco y alcohol que las mujeres, aunque los cambios recientes modifiquen esta tendencia.

Mujeres amenazadas

En los países industrializados, a medida que se incrementa la esperanza de vida, se agrava la brecha entre varones y mujeres en detrimento de los primeros. Existen, sin embargo, países que siguen siendo golpeados por una sobremortalidad femenina importante, que corresponde a una transición sanitaria recién iniciada, o bien a comportamientos sociales discriminatorios con respecto al sexo femenino (ver capítulo 1). La sobremortalidad de las niñas, fenómeno que experimentaron los países europeos durante la industrialización del siglo XIX, es en la actualidad un hecho evidente en países como China o Bangla Desh, donde prevalece la discriminación de la mujer. Igualmente, la mortalidad materna constituye un riesgo real en numerosos países del tercer mundo en los que escasea la infraestructura suficiente para asegurar que los partos difíciles y la cura de infecciones puerperales se realicen en adecuadas condiciones sanitarias. Algunas enfermedades infecciosas como la tuberculosis atacan particularmente a mujeres adultas y ancianas de algunos países pobres.

El caso de Bangla Desh

Un país como Bangla Desh presenta muchos problemas de salud: la tasa de mortalidad materna (se trata de las defunciones ocurridas en madres dentro de los 42 días posteriores al parto por cada 100 000 nacidos vivos) alcanza un nivel de 600 por 100 000 (a inicios de la década de 1990). En comparación, el nivel medio observado en los países industrializados era, en el mismo momento, de 10 por 100 000. Así, de acuerdo con los datos proporcionados por una encuesta llevada a cabo en el medio rural en Bangla Desh, se demostró que entre 1986 y 1987 la tasa de mortalidad entre 1 y 5 años era del 18,7 ‰ en el caso de las niñas y del 10,5 ‰ en el de los niños. A consecuencia de una sobremortalidad femenina que cubre casi todas las edades de la vida (excepto antes del año y en las edades más avanzadas), en Bangla Desh la esperanza de vida femenina es exactamente igual a la de los varones (2001). En cuanto a las nepalesas, viven un año menos que los varones.

¿Hasta qué edad podemos vivir?

Los científicos se preguntan desde hace mucho tiempo acerca de los límites de la longevidad humana. Se sabe que los progresos en educación contribuyen en gran medida a prolongarla. Por el contrario, lo que la investigación médica aportará en el futuro es objeto de numerosas especulaciones.

Utilizando las probabilidades de muerte en las edades avanzadas, los demógrafos se pusieron a calcular, a mediados del siglo XX, cuál era el límite de la vida humana. El francés Paul Vincent llegó a la cifra de 107 años (1951). Por su parte, Jean Bourgeois-Pichat estableció una tabla de mortalidad biológica límite, donde se llegaba, según sus cálculos, a una esperanza de 76,3 años para los varones y de 78,2 años para las mujeres (1952). Ambos enfoques son compatibles, y se plantearon en una época en que, gracias a los tratamientos con antibióticos, los progresos se producían rápidamente. Pero ya entonces se pudo ver que se alcanzaría un límite el día en que la mayor parte de las enfermedades infecciosas fueran eliminadas. Corroborando estas intuiciones, la esperanza de vida comenzó a estancarse en la década de 1960. En 1971, el estadounidense Abdel R. Omran enunció su teoría de la transición epidemiológica diferenciando tres etapas por las cuales pasarían todas las sociedades humanas:
– la etapa de la peste y de la hambruna;
– la etapa de retroceso de las pandemias (en la que la esperanza de vida aumenta muy rápidamente);

Paquetes de cigarrillos que señalan los peligros del tabaco. El tabaco mata a 4 millones de personas cada año en el mundo. De acuerdo con la O.M.S., esta cifra podría alcanzar los 10 millones en el 2030.

Vivir más tiempo **59**

El tiempo de los «superancianos»

En octubre del 2003, diez años después que muriera la francesa Jeanne Calment, de 120 años, lo hacía la japonesa Kamato Hongo, nacida en 1887. El estudio de la mortalidad en las tres grandes etapas revela cosas sorprendentes: desde hace dos décadas, la mortalidad más allá de los 75 años desciende de manera significativa, incluidos los casos de las personas mayores de 110 años; segundo descubrimiento extraordinario, la probabilidad de muerte después de los 100 años podría llegar muy rápidamente a un techo de 0,4 o 0,5 en lugar de tender hacia 1. Estos dos procesos sugieren que probablemente entremos en una nueva era.

Pero, ¿en qué estado de salud vivirán estos «superancianos»?

La decana de la humanidad, Kamato Hongo, murió a la venerable edad de 116 años. La longevidad particular de los japoneses se atribuye, entre otras cosas, a su régimen alimenticio basado en el arroz y el pescado.

– la etapa de las enfermedades degenerativas y de las enfermedades sociales (en que la esperanza de vida se estanca).

La teoría de Omran supone el fin de la transición, con la estabilización de la fecundidad y de la mortalidad a un nivel bajo. Ahora bien, esta teoría fue atacada durante la década de 1980, ya que la esperanza de vida volvió a aumentar, traspasando la frontera biológica establecida por Bourgeois-Pichat. Ya hemos entrado en la etapa de las enfermedades degenerativas y de las enfermedades sociales, pero esta etapa no es estable, ya que se observa una combinación entre el ascenso de algunas enfermedades (alcoholismo, tabaco…) y el retroceso de ciertas enfermedades degenerativas (enfermedades cardíacas, cánceres).

En realidad, se perfilan dos procesos: en principio, el dominio de los factores exteriores que causan enfermedades sociales o propician enfermedades degenerativas (accidentes, enfermedades cardiovasculares, tabaco…); luego, el control de un hipotético «reloj biológico», que dirige el envejecimiento endógeno del organismo.

Algunos científicos consideran que el campo de los avances posibles es muy restringido y jamás podrá superarse una esperanza de vida de 85 años.

Esta tesis contradice otra según la cual podría abrirse una nueva etapa de transición sanitaria representada por la lucha contra el proceso intrínseco de degradación del organismo.

¿Acaso esta nueva etapa no está ya en marcha?

Laboratorio del Instituto Pasteur (Francia, 1960). Esta fundación, cuya principal misión es la de prevenir y tratar enfermedades infecciosas, descubrió en 1983, en colaboración con investigadores estadounidenses, el virus del sida.

Tres escenarios para el siglo XXI

«Agregar años a la vida y vida a los años»: ¿será éste uno de los desafíos del siglo XXI? En realidad, el tema crucial es saber si la vida valdrá la pena de ser vivida a una edad tan avanzada.

Sobre este asunto las teorías son muy divergentes. Algunos científicos calculan que el aumento de la longevidad irá de la mano con una expansión de las enfermedades degenerativas: moriremos mucho más tarde, pero estaremos incapacitados y sufriremos enfermedades de todo tipo. Teoría evidentemente muy pesimista.

Otra teoría promete un futuro mucho más radiante: a medida que retroceda la mortalidad, las enfermedades degenerativas podrán controlarse mejor, tanto que la esperanza de vida con buena salud aumentará mucho más rápido que la esperanza de vida total. Finalmente, una tercera teoría afirma que ambos componentes, mortalidad y morbilidad, tendrán una evolución simultánea, lo que llevará a que este proceso no sea ni positivo ni negativo: se vivirá más tiempo pero con la misma proporción de enfermedades incapacitantes de la que existe en la actualidad. Las observaciones que permiten decantarse a favor de una u otra teoría son aún poco concluyentes y, las más de las veces, contradictorias. Sin embargo, algunos resultados parecen señalar que la teoría optimista podría verificarse en el futuro, particularmente si se mantienen como indicadores las incapacidades graves.

E ntre todas las ciencias humanas, la demografía es probablemente la que tiende más a la exactitud. La fecundidad siempre constituyó uno de sus principales objetos de estudio, y está influida por numerosos factores: culturales, religiosos, económicos y sociales. Una vez más la situación contrasta mucho de una a otra región del mundo. Aunque los especialistas en estos temas se enfrentan a veces duramente, todos están de acuerdo en reconocer la importancia de la educación para lograr que las parejas controlen mejor su fecundidad.

Bebés en una maternidad de Shanghai (China).

Nacer o no nacer

Los tres modelos de evolución de la fecundidad

Nuestros conocimientos sobre la fecundidad en el mundo progresaron considerablemente a partir del momento en que se llevaron a cabo encuestas específicas, que paliaron la ausencia de estado civil y esclarecieron la situación en los países en vías de desarrollo.

Varias generaciones de encuestas sucesivas

permitieron dilucidar el nivel y las tendencias de la fecundidad en el mundo. La primera generación, instigada por dos organismos internacionales de estadística y demografía, se llevó a cabo a partir de 1974 y trataba explícitamente sobre la fecundidad (Encuesta mundial sobre fecundidad, comúnmente llamada E.M.F.). La encuesta cubrió 61 países y posibilitó grandes avances metodológicos. Una segunda generación de encuestas se llevó a cabo a partir de 1984, por iniciativa de organismos estadounidenses, y la atención se centró simultáneamente en la fecundidad y en la salud, sobre todo en la salud infantil (Encuesta en demografía y salud, llamada E.D.S. o D.H.S., por las siglas en inglés de *Demographic and Health Survey*). Se realizaron o se están realizando 142 encuestas, lo que representa una mina de datos a los cuales puede accederse fácilmente gracias a un sitio web (http://www.measuredhs.com). Estas encuestas dilucidaron realmente los niveles tan diferenciados de la fecundidad en el mundo, de más de 8 hijos por mujer a menos de 2, y el ritmo descendente, a veces muy rápido, a partir de la década de 1980.

El panorama de la fecundidad en el mundo presenta profundos contrastes: varios países de Europa experimentan niveles de fecundidad particularmente bajos (menos de 2 hijos por mujer), otros continúan situándose por encima del umbral de reemplazo generacional, y otros, finalmente, se colocan muy por encima de ese umbral. Dentro de este último grupo, algunos países apenas han emprendido la segunda fase de su transición demográfica.

Desde hace dos siglos se pueden distinguir al menos tres modelos de evolución de la fecundidad en el mundo.

Un modelo de evolución lenta

El primer modelo corresponde a una evolución lenta, relacionada con el proceso mismo de desarrollo socioeconómico y las transformaciones culturales. Es característico de lo que ha sucedido en Europa desde el siglo XIX y, a veces, desde el siglo XVIII (Francia). A partir del momento en que la mortalidad alcanzó cierto umbral, la fecundidad comenzó a descender, aunque el proceso se dio de manera escalonada durante varias décadas. Esto significó que el contexto sanitario era mejor, el poder de compra de los hogares había aumentado, el nivel de instrucción, con una enseñanza básica obligatoria, se había elevado, se ponían en marcha los primeros indicios de una política de protección social (seguridad social con Bismarck, por ejemplo). Todos esos factores propiciaban proyectos de descendencia a la baja: es exactamente lo que se observa en Europa a finales del siglo XIX, aunque algunos países como Francia se habían adelantado al movimiento.

Familia numerosa italiana en 1938. Mussolini quiso instaurar una política natalista. Sin embargo, con 1,3 hijos por mujer, el nivel actual de la fecundidad en Italia es uno de los más bajos del mundo.

Después de la segunda guerra mundial, el *baby-boom* constituye una alteración momentánea de esta tendencia, ya que el descenso de la fecundidad se reanuda después de la década de 1970.

Un modelo voluntarista

El segundo modelo corresponde a una evolución más rápida, causada por la intervención pública. Este modelo es mucho más reciente, y se relaciona con políticas de limitación de nacimientos en los países en vías de desarrollo.

En China, la política de limitación de nacimientos, puesta en marcha a fines de la década de 1970, se reforzó de manera progresiva hasta la adopción en 1980 de la consigna «una pareja, un hijo». Desde septiembre del 2002, esta política se convirtió en ley.

Las directivas nacionales fueron sucedidas por medidas provinciales concretas, que penalizaban a las parejas que procreaban fuera de las normas y favorecían a las parejas que tenían un hijo único. A partir de ese momento, diversas disposiciones tomaron en consideración las resistencias y las demandas de más niños vinculadas a necesidades económicas y religiosas. Se autoriza en el medio rural el nacimiento de un segundo hijo si el primero es una niña o si es discapacitado. Las minorías étnicas tienen derecho a traer más de un niño al mundo. El término medio actual es de alrededor de 2 hijos por mujer, lo que muestra una proporción importante de familias con 2 o más hijos (si se consideran las parejas estériles, las personas solteras...). La población de China en la actualidad es de cerca de 1 300 millones y el gobierno pretende, a través de esta política, que no supere los 1 600 millones en

Nacer o no nacer

el 2050. Otros países aplican programas muy estrictos de limitación de nacimientos, por ejemplo, Vietnam o las dos Coreas. En Tailandia, el apoyo a la planificación de los nacimientos produjo efectos significativos, ya que la media pasó de 7 hijos por mujer a principios de la década de 1960 a 2,4 en 1993 y a 1,8 en el 2001. Dos tercios de las mujeres recurren a la anticoncepción, y la mayoría utiliza métodos modernos.

En Colombia, los programas apoyados por la asociación *Profamilia* desempeñaron un papel fundamental en el rápido descenso de la fecundidad: 6 hijos por mujer en 1968, 4,4 entre 1974 y 1976, y sólo 2,9 niños en 1990. En Bogotá, la media pasó de 4,5 a 2,4 de 1968 a 1990. Los medios utilizados son la esterilización (el 33 % de las mujeres en edad de procrear), la píldora (21 %) y el dispositivo intrauterino, D.I.U. (18 %). Sorprende la rapidez con que se da el descenso de la fecundidad una vez que el proceso se ha iniciado en los países que tienen políticas concretas de planificación familiar: en Colombia la fecundidad descendió un 50 % en dos décadas; en China, el mismo descenso se produjo en sólo diez años (de 1970 a 1979).

Pese a los intentos de control por parte del gobierno, se pueden hallar, sin embargo, casos de países en donde se presenta la situación inversa y la fecundidad se mueve lentamente: en la India, por ejemplo, la evolución nunca fue rápida, pese a que algunas medidas tuvieron a veces un carácter brutal, particularmente cuando se realizaron las campañas de esterilización forzada a fines de la década de 1970, lo que obligó a dimitir a la primera ministra Indira Gandhi. Entre 1956 y 1984, la fecundidad bajó de 5,2 a 4,5 hijos por mujer. En 1984 este promedio ocultaba en realidad situaciones muy heterogéneas entre estados que ya manejaban una fecundidad baja (como el caso de Kerala que tenía una media de 2,4 hijos por mujer) y estados cuya fecundidad aún era elevada (como en los cuatro grandes estados del norte de la India —Bihār, Madhya Pradesh, Rājasthān y Uttar Pradesh—, con una media de 5,1 a 5,9 hijos por mujer). Entre estos cuatro estados del Norte y el resto de la India, el atraso es de 20 a 25 años. Esto significa que las poblaciones reaccionan de maneras muy diferentes a estímulos más o menos coercitivos para limitar los nacimientos cuando no están vinculados a un programa de desarrollo importante.

> **Los dos indicadores de la fecundidad**
>
> Ambos se expresan en número de hijos por mujer. El primer indicador, denominado descendencia final, expresa el número de hijos traídos al mundo por una generación real de mujeres: hay que esperar a que la generación llegue a los 50 años para calcular de manera exacta su descendencia. Sin embargo, mediando algunas hipótesis, se puede calcular esta descendencia cuando la generación llega a los 35 años.
>
> El segundo indicador, para un año determinado, denominado indicador coyuntural, expresa el número de hijos que procrearía una generación ficticia de mujeres si esa misma generación experimentara hasta los 50 años las tasas de fecundidad del año de observación. Este indicador se puede calcular desde el momento en que se dispone de tasas de fecundidad para un año dado, por lo que resulta muy cómodo y muy utilizado. Sin embargo, su interpretación puede resultar delicada si las mujeres modifican su ritmo de procreación durante el transcurso de su vida. El indicador para Italia de 1,3 hijos en el 2002 significa en parte que las mujeres retrasan los nacimientos a lo largo de su vida de pareja. La generación nacida en 1965 tendrá posiblemente más de 1,3 hijos, alrededor de 1,5 hijos por término medio.

Un modelo de crisis

El tercer modelo corresponde a una situación de crisis. Afecta tanto a países en desarrollo, por ejemplo, golpeados de lleno por la crisis económica de las décadas de 1980 y 1990, como a los países surgidos del desmantelamiento de la U.R.S.S. y de su zona de influencia, a los que pueden agregarse países del sur de Europa o Japón, en plena crisis cultural.

¿Qué es una crisis demográfica?

La evolución demográfica no es uniforme en todos los países. A menudo influyen situaciones de crisis de distinta naturaleza: económica, social, hasta moral. Así, la caída del sistema soviético tuvo, desde un punto de vista demográfico, profundas consecuencias en la antigua U.R.S.S. o en la antigua R.F.A.

Desde siempre, las situaciones de crisis económica han provocado un descenso en el número de nacimientos. Este fenómeno se presentaba en todas las civilizaciones agrarias dependientes de las cosechas de granos (se trate del trigo o del maíz). Pero la recuperación era rápida y el regreso a la normalidad se producía en menos de diez años, mientras se esperaba la siguiente época de escasez. La situación actual es radicalmente diferente: la crisis se difunde más, traspasa las fronteras nacionales, afecta a los contextos más pobres de los países en vías de desarrollo, a los que viven en los suburbios desheredados o a las zonas marginales de México o Marruecos.

Junto a un malthusianismo de la pobreza, también existe un malthusianismo de los países afectados brutalmente por la desintegración de su sistema sociopolítico. La destrucción de este sistema, como la que experimentaron los países de Europa del Este y de la antigua U.R.S.S., constituye el abono para una crisis de fecundidad importante. En los países de Europa del Este, particularmente en Alemania y Rusia, la evolución de los últimos años ha sido espectacular.

Desde la caída del muro de Berlín, se asiste a un verdadero derrumbe de la fecundidad en los Länder de la Alemania del Este: entre 1990 y 1992, el número de nacimientos se redujo a la mitad; la tasa de natalidad se fijó en el 5,4 ‰ en 1992 y el índice de fecundidad en 0,83 hijos por mujer. Un análisis detallado de la información permite poner fecha exacta a la caída abrupta: las parejas evitaron concebir a partir de la primavera de 1990. Ciertamente, la emigración de las parejas jóvenes hacia el occidente es en parte responsable de esta caída, pero no explica la magnitud del cambio. La disminución es producto de una modificación masiva del comportamiento: las parejas optaron por esperar mejores tiempos para procrear o renunciaron a tener un hijo. Rusia también experimentó

El «malthusianismo de los pobres»

Varios investigadores han demostrado que en la actualidad existe en el mundo un «malthusianismo de los pobres» (en alusión a Malthus, quien preconizó una estricta limitación de los nacimientos), que se explica, en el caso de México, por ejemplo, por la ausencia total de perspectivas para las poblaciones llegadas del campo, sin empleo, que viven en condiciones precarias alrededor de los grandes centros poblacionales, además de estar golpeadas desde la década de 1970 por la crisis económica mundial. Pero, y esto es aún más curioso, el mismo fenómeno se produce para las poblaciones rurales, en Marruecos por ejemplo, respecto de las imágenes de enriquecimiento y de progreso transmitidas por los emigrados de origen rural, lo que refuerza, en el caso de los sedentarios, un sentimiento de frustración.

fracturas de este tipo: en 1992, el número de nacimientos era un 36 % inferior al de 1987. La tasa de natalidad era del 10,8 ‰ y el índice coyuntural de fecundidad de 1,56. Pero se trata, en parte, de la respuesta a la evolución anterior: las mujeres rusas respondieron favorablemente al estímulo de la década de 1980 y reaccionaron de manera negativa a la crisis de la década de 1990. Se observan evoluciones similares en Bulgaria y en Rumania; en toda Europa del Este, la fecundidad disminuyó a partir de 1989. Las familias también respondieron a la «transición económica» con una reducción drástica de los nacimientos.

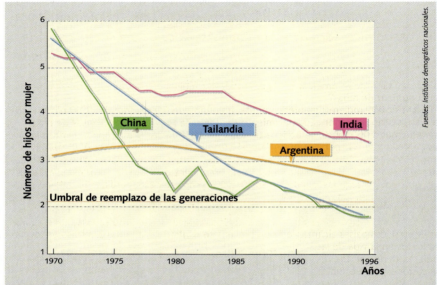

El descenso de la fecundidad en algunos países (de 1970 a 1996). La fecundidad no sigue un modelo de evolución uniforme. China y Tailandia se distinguen por una rápida disminución en el número de niños como término medio por mujer. La India vivió una disminución más lenta, al igual que Argentina. China y Tailandia se encontraban en 1995 por debajo del umbral de reemplazo generacional, lo cual no sucedía ni en Argentina ni en la India.

El caso del sur de Europa y de Japón

Al lado de los países pobres y del antiguo bloque soviético, se encuentra un tercer grupo de países, caracterizado por una fecundidad baja: el sur de Europa y Japón. En el sur de Europa, la fecundidad sigue descendiendo y, cosa curiosa, en esta región es donde la fecundidad ha llegado al nivel más bajo del mundo: Portugal, España, Italia, Grecia, países de tradición católica u ortodoxa, experimentaron índices coyunturales de fecundidad que van de 1,3 a 1,4. Se trata de un nivel similar al observado en Japón. El punto común entre estos países podría residir en el hecho de que experimentan una distorsión importante entre la aspiración de los jóvenes y las parejas (igualdad entre sexos, acceso de las mujeres al empleo…) y la conservación, en el interior de la población, de valores completamente diferentes: procreación dentro del matrimonio de manera casi exclusiva, separación de roles entre los sexos, importancia de la educación «materna»… La madre «ideal» japonesa, ¿no debe acaso lavar los pañales de su bebé, renunciando a los pañales desechables? Una pareja italiana, ¿acaso no se prometen no separarse nunca de su bebé en las noches, salvo que lo cuide la mamá del esposo o de la esposa? Recurrir a niñeras parece impensable. Estos ejemplos demuestran que los períodos de crisis e incertidumbre, ya sean de origen económico o cultural, traen aparejado habitualmente un descenso de los nacimientos. El caso de las guerras es bien sabido. Pero es evidente, además, que las fecundidades bajas también pueden ser respuestas, ya no a una mejora significativa del bienestar, sino, por el contrario, a un estado de pobreza y de crisis endémica.

Reproducción y reemplazo

¿Cuántos hijos debe procrear una generación de mujeres para dejar tras de sí al menos igual número de niñas?
Tomemos 1 000 mujeres: hipotéticamente, tendrían que traer al mundo 1 000 niñas. Ahora bien, se sabe que por cada nacimiento de una niña hay 1,05 nacimientos de niños. Agreguemos 1 050 niños: se obtiene un total de 2 050 niños. Si ninguna mujer murió antes de la edad promedio en que se tiene el primer hijo (alrededor de los 30 años), bastaría entonces con que 1 000 mujeres procreasen 2 050 niños para que la población se reemplazara idénticamente. Pero algunas mujeres mueren antes de esta edad promedio: entonces hay que agregar algunas, alrededor de 50, para compensar esta pérdida. Se obtiene finalmente un número redondeado de 2 100 niños, número que asegura la reproducción exacta de la generación de madres en las condiciones actuales de mortalidad en Europa: es esa cifra (2,1) la que sirve de referencia para apreciar el nivel actual de la fecundidad en Europa. Muy pocos países alcanzan este umbral en ese continente, aunque el retraso de los nacimientos en la vida de las mujeres tiene fuertes repercusiones sobre el índice coyuntural y, siendo rigurosos, sólo debería compararse este valor de referencia con la descendencia final. En ese caso, la última generación observada, la de 1965, en Francia, se encuentra muy cerca del umbral de reemplazo.

Estudiantes de uniforme en Tokyo. En el 2003, Japón se caracteriza por una fecundidad baja, del orden de 1,3 hijos por mujer.

Panorama de la fecundidad en el mundo

Máximo 2 hijos por mujer, entre 2 y 4, más de 4: a estos tres tipos de fecundidad corresponden tres tipos de países en el mundo.

El mapa de la fecundidad en el mundo en el 2003 da una clara idea del contraste entre diversas situaciones.

Una vasta región que reúne a países del hemisferio norte (América del Norte, Europa occidental y oriental, Rusia, China, Corea del sur, Japón) y del hemisferio sur (Australia y Nueva Zelanda) experimenta una fecundidad inferior o igual a 2,1 hijos por mujer. Se trata de países industrializados y ricos que comenzaron su transición demográfica, en su mayoría, hace más de un siglo, con excepción de China que sigue siendo un país pobre y cuya transición es reciente. Esta vasta región ya no garantiza, salvo excepciones, el reemplazo natural de su población, si nos atenemos al indicador coyuntural, aunque las migraciones naturalmente pueden compensar esta tendencia, lo que sucede particularmente en el caso de Estados Unidos.

Una fecundidad heterogénea

Un segundo grupo comprende a los países cuyo nivel de fecundidad se ubica entre 2,1 y 4 hijos por mujer: son los países en los que ya ha bajado mucho la fecundidad, pero cuyo nivel aún garantiza el reemplazo de la población. De este conjunto forman parte México y la mayor parte de los países de América Central y de América Latina. Se encuentran además los países del Magreb y la República de Sudáfrica, varios países de Oriente medio, las repúblicas del sur de Rusia, el subcontinente indio y los países del sureste asiático. Se trata de países comprometidos claramente con el proceso de desarrollo, pero que aún

Fecundidad en México y en América Central

	Indicador coyuntural (número de hijos por mujer)	
	1950-1955	2002
Costa Rica	6,7	2,5
Guatemala	7,1	4,6
Honduras	7,5	4,4
México	6,9	2,9
Nicaragua	7,3	4,1
Panamá	5,7	2,6
El Salvador	6,5	3,5

Frecuencia de utilización de anticoncepción

	En % 1996-2000	
	Cualquier método	Métodos modernos
Costa Rica	80	72
Guatemala	38	31
Honduras	50	41
México	68	59
Nicaragua	60	57
Panamá	n.d.	n.d.
El Salvador	60	54

Mujeres festejando la llegada de un recién nacido. El altísimo nivel de la fecundidad en Malí (7 hijos por mujer en el 2003) se explica, entre otras cosas, por la ausencia de anticoncepción y por una evolución lenta de las mentalidades.

siguen siendo pobres (como el caso de Bangla Desh o la India). La práctica anticonceptiva en esos lugares puede ser elevada (en Costa Rica y México, por ejemplo). Resta un gran conjunto sobre todo africano cuya fecundidad supera los 4 hijos por mujer. Se agregan algunos países de Oriente medio (Arabia Saudí, Iraq, Jordania, Siria, Afganistán) y Pakistán… En numerosos países del África subsahariana las mujeres tienen una media de más de 6 hijos cada una (Níger).

Con excepción de los países de la península arábiga, se trata de los países más pobres del planeta, con un producto nacional bruto generalmente inferior a 1 000 dólares estadounidenses por habitante.

Todos estos países entraron de manera tardía en la transición demográfica. Destaquemos que la fecundidad no es elevada en toda África: es sobre todo el caso del África subtropical; en el norte, la fecundidad ha descendido significativamente, como por ejemplo en Túnez (2,1 hijos por mujer en el 2003), en Argelia (2,8) o en Marruecos (2,7). El África tropical, región que a la vez está escasamente desarrollada y realmente comprometida en la transición demográfica, se caracteriza por densidades muy diversas, por un pasado marcado por graves hemorragias demográficas, relacionadas con la trata de esclavos, y por una valorización de las descendencias numerosas. Además, África ha experimentado situaciones de subfecundidad debidas a la existencia de enfermedades esterilizadoras (paludismo, bocio, enfermedades venéreas): en algunas regiones de África central, que estaban gravemente afectadas por la esterilidad, se ha producido un crecimiento rápido de la fecundidad a partir de la aplicación de programas profilácticos.

> **Mapa** *(páginas siguientes)*
>
> *A excepción de algunos países en desarrollo —ubicados sobre todo en el África subsahariana— que mantienen una tasa de fecundidad elevada, la tendencia general en el mundo es a la baja.*

Nacer o no nacer

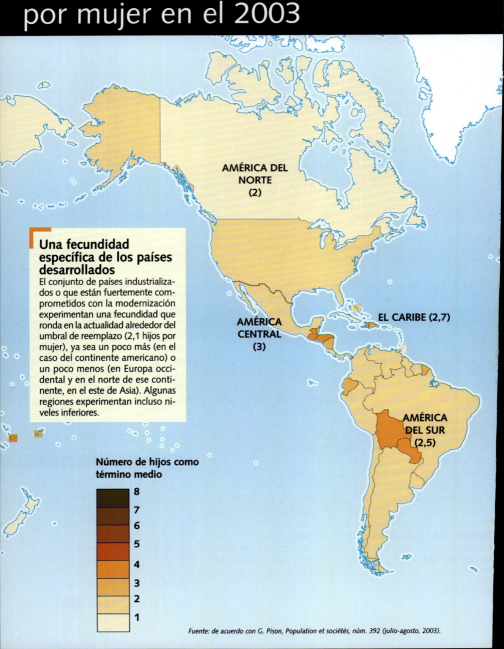

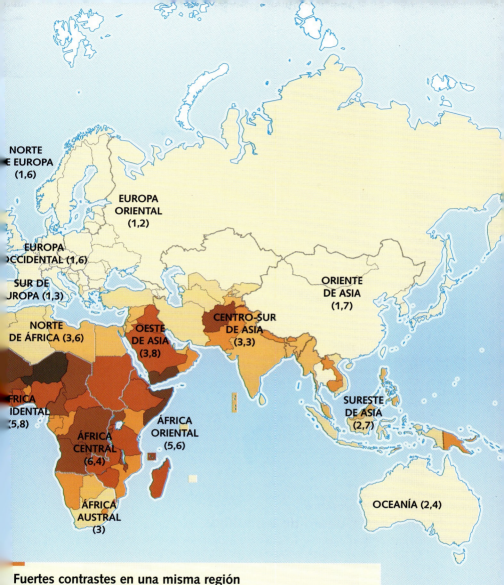

Fuertes contrastes en una misma región
Cubriendo los dos extremos del continente africano, Oriente medio y la península india, aparece una zona de fecundidad intermedia. Es de destacar que en el seno de una misma región (el centro-sur de Asia) los contrastes pueden ser muy grandes (Afganistán, 6 hijos por mujer; Kazajstán, 1,8). Finalmente, la fecundidad alcanza el máximo en África subsahariana.

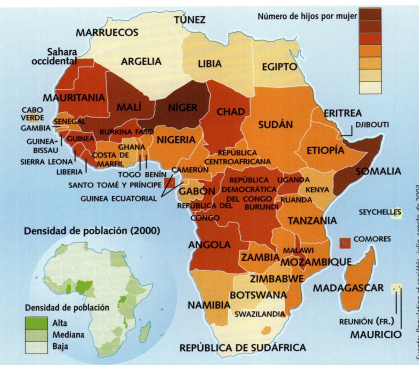

La fecundidad en África (2003). Las más altas tasas de fecundidad del mundo se encuentran en África (8 hijos por mujer en Níger, 7 en Malí, 7,2 en Somalia). Esta situación puede explicarse por diversos factores: en principio, una densidad media baja, tal como lo demuestra el mapa pequeño de densidades que se encuentra abajo a la izquierda. Esta deficiencia de la densidad se debe en parte al comercio de esclavos y explica por qué, hasta fechas recientes, los gobiernos africanos eran muy reticentes a la idea de limitar los nacimientos. Por otra parte, la altísima mortalidad infantil que sigue castigando a la población no estimula a que los hogares reduzcan el tamaño de su familia —en África, en términos generales, cerca de un niño de cada diez corre el riesgo de morir antes del año (88 por mil en el 2003). Finalmente, las mentalidades tradicionales no colaboran en nada.

Fecundidad y deseo de tener hijos

El conjunto de estos factores, unidos a otros como los casamientos precoces de las mujeres, su mejor salud, el abandono de los modos tradicionales de espaciamiento entre los nacimientos (abstinencia *post-partum* y lactancia materna prolongada), explica esta inédita situación en que la fecundidad es más elevada que antes. Las encuestas de 1970, 1980 y 1990 sobre fecundidad y salud demostraron cabalmente las características de esos modelos de fecundidad elevada que llegan en la actualidad a un término medio de 6 u 8 hijos por mujer. La conciencia de la necesidad de regular los nacimientos se ha desarrollado más tardíamente en estas regiones que en cualquier otro lado. Sin embargo, son cada vez más los gobiernos que adoptan medidas favorables al espaciamiento de los nacimientos, dentro de una perspectiva de bienestar para los niños, las mujeres y las familias.

Kenya ofrece un ejemplo interesante. Hace cuarenta años, ese país experimentaba uno de los niveles de fecundidad más elevados del mundo: más de 8 hijos por mujer. Desde hace quince años, la fecundidad comenzó a descender. Entre 1975-1980 y 1990-1992, el número de hijos como término medio por mujer habría pasado de 8,1 a 5,4, es decir, una disminución del 33 %. En el 2001, el índice coyuntural era de 4,4 hijos por mujer. Las últimas encuestas sobre fecundidad dejan entrever fenómenos muy claros de diferenciación entre el campo y la ciudad, entre las personas con poca instrucción y los otros: la diferencia es de más de dos niños por mujer. Las kenianas, al preguntárseles sobre cuál consideran que es el número ideal de hijos, contestan un número que se aproxima a los 4 hijos como término medio. Por otra parte, más de la mitad de las mujeres manifiesta su deseo de dejar de procrear cuando ya tienen 4 hijos viviendo en el hogar. En la actualidad, un tercio de las mujeres recurren a algún método anticonceptivo (el 27,3 % a un método moderno), proporción que pasa de la mitad en el caso de las mujeres que tienen un nivel de educación secundaria.

La fecundidad en Malí: el caso de los bwa

Los bwa de Malí son agricultores cristianizados, que sufrieron migraciones cuantiosas de jóvenes adultos. Gracias a una encuesta que se viene realizando de manera continua desde 1987 y a entrevistas biográficas [historias de vida] se conoce bastante bien el régimen demográfico y familiar de ese grupo. La mortalidad infantil es elevada (25 %), la fecundidad también, sin ninguna señal de que vaya a descender (8,5 hijos por mujer como término medio, 10 niños por varón), los intervalos entre nacimientos van de los 28 a los 32 meses, el destete se da alrededor de los 2 años, las parejas no utilizan métodos anticonceptivos, los matrimonios son precoces (hacia los 18 años para las mujeres). Los elementos susceptibles de provocar modificaciones en la fecundidad son las migraciones masculinas y, recientemente, femeninas, así como la constitución de parejas más autónomas que hacen surgir proyectos de pareja. Aunque, por el momento, los cambios importantes que afectan a la organización familiar, a las relaciones entre generaciones, a las relaciones entre el mundo rural y las ciudades no han implicado cambios en el campo de la fecundidad.

¿La pertenencia religiosa está en correlación con el comportamiento respecto de la fecundidad?

Podría creerse que la fidelidad a los valores religiosos lleva a un menor control voluntario de la fecundidad. Las grandes religiones monoteístas del mundo están en contra de la anticoncepción y, particularmente, del aborto, y sin embargo, los países de tradición católica se encuentran en la actualidad entre los menos prolíficos: Italia, España, Grecia, Portugal. En un congreso sobre población, un delegado católico manifestó que la idea prescrita en el Génesis, «Creced y multiplicaos», ya se había cumplido, por lo cual ya era tiempo de regular la fecundidad en todos lados. Algunos países musulmanes están verdaderamente comprometidos en el control de la natalidad. Irán es uno de éstos. En menos de treinta años, de la década de 1970 al 2000, el número de hijos como término medio por mujer pasó en este país de 6,6 (1977) a 2,0 (2000). Esta evolución fue apoyada por un programa nacional que buscaba reducir el crecimiento demográfico. La reducción se llevó a cabo no sólo en las zonas urbanas (un –18 % entre 1996 y el 2000), sino también en las zonas rurales (un –31 % entre 1996 y el 2000). Esta situación debe relacionarse con una multitud de factores: política general de información sobre la planificación familiar, programas de protección materna e infantil, programas de desarrollo rural y de escolarización… Dicho de otro modo, no existe en ningún país una correlación estricta entre pertenencia religiosa y nivel de fecundidad.

La segunda revolución anticonceptiva

La gran mayoría de los países del mundo han entrado en la segunda revolución anticonceptiva, basada en la utilización de métodos modernos.

La segunda revolución anticonceptiva significa que las parejas utilizan no sólo métodos tradicionales, como la lactancia materna prolongada, la abstinencia *post-partum*, el aborto o el coito interrumpido, sino también métodos modernos como el dispositivo intrauterino, la esterilización, la píldora (inventada en 1956 por el médico estadounidense Gregory Goodwin Pincus), el diafragma o incluso el aborto. Estos métodos modernos se desarrollaron después de la segunda guerra mundial y tuvieron, en algunos casos, una difusión masiva.

A fines de la década de 1990, el 61 % de las parejas en todo el mundo utilizaba algún método de anticoncepción: el 21 % de las mujeres (ligadura de trompas) y el 4 % de los varones (vasectomía) había optado por la esterilización, el 15 % de las mujeres usaba dispositivo intrauterino, el 7 % tomaba la píldora, el 7 % de las parejas usaba condones o inyecciones, el 6 % usaba sistemas tradicionales. Se observa que los métodos predominantes son la esterilización femenina y el uso de dispositivo intrauterino y, bastante atrás, los otros medios, entre los cuales se encuentran la píldora y el condón. Por otra parte, más de una tercera parte de las mujeres (39 %) no utilizan ninguna práctica anticonceptiva. Este esquema general cubre situaciones muy diversas y no toma en cuenta el caso del aborto. En los países en desarrollo, los modelos de planificación de los nacimientos son del mismo modo muy variados. En China, los que se privilegian son los llamados métodos de larga duración (principalmente la inserción de dispositivos, la ligadura de trompas y la vasectomía), dado que permiten un control por parte

Gregory Pincus (1903-1967), inventor estadounidense de la «píldora» en 1956. A finales de la década de 1990, un 7 % de las mujeres del planeta utilizaba este modo de anticoncepción.

Anticoncepción y modelos nacionales

En Francia, el 75 % de las mujeres que practican la anticoncepción optan por la píldora o el D.I.U. La esterilización para controlar la fecundidad es muy poco frecuente; de hecho, está permitida a partir de la ley promulgada el 4 de julio del 2001. Autorizado por la ley Veil en 1975, el aborto permite evitar una gran parte de las concepciones no deseadas. En otros lugares, en Canadá, por ejemplo, el modelo de regulación de los nacimientos puede ser muy diferente: la esterilización se ha desarrollado muchísimo, involucrando al 44 % de las mujeres cuyas edades estaban entre los 18 y los 49 años en 1984 (en Estados Unidos, el 28 % en 1982; en Francia, el 7 % en 1988). Por el contrario, en 1985, en España, el coito interrumpido seguía ocupando un lugar importante en la regulación de los nacimientos, mientras que la esterilización afectaba a sólo al 4 % de las mujeres de entre 18 y 49 años. En Japón, preservativo y aborto constituyen las bases del sistema de regulación de los nacimientos, y la píldora sigue siendo ilegal hasta el momento. En los países de Europa del Este, el aborto ocupó durante mucho tiempo el lugar de la anticoncepción, registrándose en algunos países muchos más abortos que nacimientos. En 1989, en la U.R.S.S., se registraban 113 abortos por cada 100 nacimientos.

Prevención del sida en un centro de planificación familiar de Manila (Filipinas). En la actualidad, alrededor del 7 % de las parejas del planeta recurren al preservativo y a las inyecciones.

de las autoridades de la situación de las mujeres. El 53 % de las mujeres que practican la anticoncepción están esterilizadas (1992), y el 40 % tienen un dispositivo. Los otros métodos (píldora, preservativo) son minoritarios, ya que sólo son utilizados por un 6 % de las parejas. En algunas provincias (Hebei, Gansu), el 90 % de las madres de dos hijos están esterilizadas (1992). En caso de error en alguno de los métodos, se alienta el aborto, cuyo número varía mucho de un año a otro. En Argelia y en Marruecos, la píldora es el método predominante (el 44 % y el 38 % de las usuarias, respectivamente), mientras que el dispositivo es utilizado por sólo el 4 % de las mujeres en Argelia y el 5 % de las de Marruecos; la esterilización casi no se practica en estos países. Túnez, por el contrario, privilegia el dispositivo (el 25 % de las usuarias) y la esterilización femenina (13 %). En América Latina, la píldora se utiliza bastante a menudo, sobre todo en Brasil (el 25 % de las usuarias); la implantación de dispositivos es inferior al 10 %, a excepción de Colombia, Ecuador, Perú y México. La esterilización puede afectar hasta al 30-40 % de las mujeres (República Dominicana, Puerto Rico, El Salvador y Panamá). Por último, algunos países marcados por las prescripciones de la iglesia católica recurren a los métodos aceptados por ésta: por ejemplo, un 21 % de las peruanas y un 16 % de las bolivianas practican el método del ritmo. A excepción de Cuba, el aborto es ilegal en el resto de los países: el aborto clandestino entró en retroceso a medida que se desarrollaban los métodos modernos de anticoncepción, aunque sigue siendo un problema de salud pública.

Más allá de la anticoncepción, la educación

El aborto practicado en condiciones que no brindan la suficiente seguridad sanitaria representa de hecho una verdadera amenaza para la salud de las mujeres: alrededor de 20 millones se practican cada año en el mundo, y en malas condiciones según datos aportados por la O.M.S. —de los cuales la gran mayoría (95 %) ocurre en los países en desarrollo (19 millones). Estos abortos se realizan en países donde esta práctica es ilegal, por herencia de la colonización y de la influencia de las iglesias, y donde el acceso a los medios modernos de anticoncepción es insuficiente. En África se producen 5 millones de abortos peligrosos, en Asia, 9,9 millones, en América Latina y el Caribe, 4 millones. Estas cifras remiten a varias realidades impresionantes: un embarazo de cada diez culmina con un aborto peligroso; alrededor de 80 000 mujeres mueren a causa de complicaciones por esos abortos, es decir, alrededor del 13 % de las defunciones maternas. Por otra parte, relacionado con el número de mujeres cuya edad está entre los 15 y los 50 años y con los nacimientos, el número de abortos peligrosos es particularmente alto en África y en América Latina. En el este de África hasta 153 madres por cada 100 000 nacimientos mueren como consecuencia de un aborto mal practicado.

En veinte años, la proporción de usuarias de un método moderno de anticoncepción ha aumentado muchísimo, lo que permite esperar un retroceso del aborto clandestino. En Kenya, la proporción de usuarias de métodos modernos pasó del 10 al 31 % entre 1984 y 1998; en México, del 23 al 56 % entre 1976 y 1996; en Brasil, del 57 al 70 % entre 1986 y 1996. Por el contrario, algunos países se mantienen muy alejados de este movimiento, particularmente los países del occidente de África: en Malí, la proporción de usuarias de métodos modernos sólo subió 4 puntos entre 1987 y 1995, pasando del 1 al 5 %. Una mayoría de países del África subsahariana mostraba tasas inferiores al 10 % (21 de 33 países).

El número de hijos procreados en un país no depende de la influencia de las tecnologías modernas de anticoncepción: refleja ante todo la voluntad de las parejas de reducir el tamaño de la familia, voluntad que resulta de cierto nivel educativo y, más globalmente, de cierto estado social y económico. Los sistemas económicos tradicionales (importancia de la agricultura, utilización de mano de obra familiar, reducida división del trabajo, débil intervención

Manifestación antiaborto en Estados Unidos.
La oposición a esta práctica de limitación de los nacimientos reviste en ese país formas a veces extremadamente violentas.

Estimación de los abortos peligrosos para la salud de la mujer en el mundo, 1995-2000

	Número estimado de abortos maternos peligrosos (en miles)	Número de abortos peligrosos por cada 100 nacidos vivos	Mortalidad: defunciones maternas ocasionadas por abortos peligrosos por cada 100 000 nacidos vivos
Mundo	20 000	15	57
Regiones desarrolladas	900	7	4
Regiones menos desarrolladas	19 000	16	63
África	5 000	16	110
Este de África	*1 900*	*19*	*153*
África central	*600*	*14*	*98*
Norte de África	*600*	*13*	*24*
Sur de África	*200*	*13*	*49*
Oeste de África	*1 600*	*16*	*121*
Asia	9 900	13	48
Este de Asia	*-*	*-*	*-*
Norte de Asia	*6 500*	*17*	*72*
Sureste de Asia	*2 800*	*23*	*66*
Oeste de Asia	*500*	*11*	*20*
Europa	900	12	6
Este de Europa	*800*	*25*	*15*
Norte de Europa	*< 30*	*2*	*0,2*
Sur de Europa	*< 90*	*6*	*1*
Oeste de Europa	***	***	***
América Latina	4 000	36	41
El Caribe	*200*	*21*	*71*
América Central	*900*	*26*	*20*
América del Sur	*3 000*	*42*	*47*
América del Norte	*	*	*
Oceanía	30	12	51

* cifra poco significativa

del estado en la seguridad social, etc.) demandan una descendencia numerosa para compensar una mortalidad alta. Con el proceso de modernización (ingreso en la economía de mercado, urbanización, escolarización, cambio en la situación de las mujeres), el tema del número de hijos deja de depender estrechamente de los imperativos económicos y sociales y se convierte (o tiende a convertirse) en un asunto más estrictamente privado que responde a necesidades afectivas y psicológicas. Algunos países muy pobres tardan en cambiar de mentalidad ya que la situación socioeconómica que les es propia no se los permite. La epidemia de sida, por otro lado, puede convertirse en un freno duradero al control de la fecundidad.

Alrededor de 150 millones de personas son emigrantes internacionales. Este gran movimiento de población sigue complejos circuitos, pasando por países de tránsito, como Senegal, Turquía, Indonesia o México, en el camino hacia Europa, Estados Unidos o el sureste de Asia. Las naciones ricas con poblaciones que envejecen tienen la necesidad de saber si la llegada de los migrantes puede compensar en un cierto plazo el declive de su demografía. A esas migraciones internacionales se agregan las migraciones internas, como en China, donde numerosos habitantes del medio rural emigran hacia las ciudades.

Obreros inmigrantes que trabajan en la construcción de un edificio en Francia.

Historia y estrategias de las migraciones

Las migraciones forman parte de un fenómeno muy antiguo. Hoy en día, los flujos migratorios se organizan en vastos sistemas hacia las zonas ricas del mundo.

«La movilidad y el intercambio siempre han constituido la base de cualquier cultura», opinaba un paleontólogo al comentar el descubrimiento, al oeste de Estados Unidos, de un cráneo cuyo origen podría ser polinesio. Desde los comienzos de la humanidad, las personas se han movido, ya que los primeros humanos dejaron las sabanas africanas para dirigirse al norte y el este, alcanzando, en unos miles de años, los lugares más alejados del globo.

150 millones de emigrantes a través del mundo

Las migraciones de otros tiempos

En la actualidad contamos con buenas razones para creer que el continente americano fue visitado mucho antes de la llegada de los antiguos ainus (habitantes del norte de Japón) incluidos los que venían de Polinesia. Pero estas antiguas migraciones movilizaban probablemente a pocas personas cada vez, algunas decenas tal vez, algunas centenas, que pertenecieran a un mismo clan.
Las migraciones de fin del Imperio Romano (llamadas «invasiones bárbaras»), las de la edad media (las cruzadas) movilizaron mucha más gente. Se aceleraron a partir del renacimiento con los desplazamientos voluntarios de los europeos o aquellos que se vieran forzados, en dirección a América (esclavos originarios de África). Se estima que entre 9 y 11 millones de esclavos dejaron las costas africanas entre 1470 y 1870.

En el siglo XIX, a medida que se constituían los estados-naciones, se produjeron grandes migraciones internacionales. Millones de europeos (40 millones entre 1850 y la primera guerra mundial) dejaron el Viejo Mundo por los países «nuevos» del continente americano, Australia, Nueva Zelanda y también el sur de África. Los países escandinavos, los anglosajones y los mediterráneos aportaron los mayores flujos de los cuales se benefició ampliamente Estados Unidos. Sólo entre 1880 y 1914, al menos 20 millones de inmigrantes se instalaron en Estados Unidos, país de inmigración por excelencia. En la actualidad, ese país recibe entre 800 000 y 900 000 inmigrantes legales cada año, sin contar una cifra difícil de calcular de inmigrantes ilegales procedentes de México, el Caribe y América del Sur. Por otra parte, alrededor de 200 000 personas emigran; es decir, Estados Unidos tiene un saldo neto migratorio de 600 000 a 700 000 personas. Una cifra como ésta es difícil de establecer en el plano mundial porque los flujos, llegadas, tránsitos, retornos, se conocen poco. A escala de todo el planeta, simplemente se puede estimar el número de personas que residen en el extranjero desde hace un año en 150 millones. Esta cifra corresponde a los que se puede llamar migrantes internacionales. En cuanto a la población total del planeta, es modesta, ya que sólo representa el 2,5 % de la humanidad desde sus orígenes. Pero remite, sin

La isla de Ellis, lugar histórico de recepción de los inmigrantes en Nueva York. En 1999, el 10 % de la población total de Estados Unidos; es decir, 28 millones de personas, había nacido en el extranjero.

embargo, a un fenómeno que está aumentando de manera significativa en cifras absolutas a partir de la segunda guerra mundial: entre 1965 y 2000, el número de emigrantes internacionales se habría duplicado, pasando de 75 a más de 150 millones.

La migración internacional, no obstante, es una excepción porque las personas prefieren permanecer en su país y los estados controlan las fronteras. Algunos estados han impedido la migración de sus ciudadanos (U.R.S.S., Corea del Norte, Cuba…). Otros, por el contrario, han promovido la llegada de inmigrantes: Estados Unidos, Canadá, Australia, Nueva Zelanda, Israel.

Mapa (páginas siguientes)

El aumento constante del número de inmigrantes internacionales es un indicador particularmente revelador del proceso de globalización. Desde hace treinta años, su número se ha más que duplicado.

Migraciones: la otra globalización

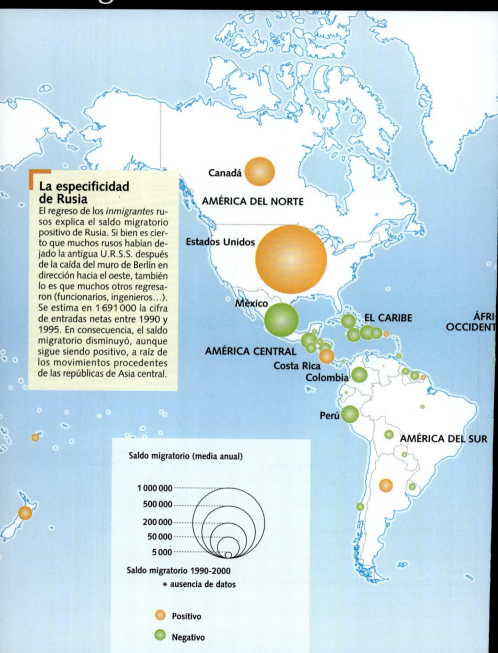

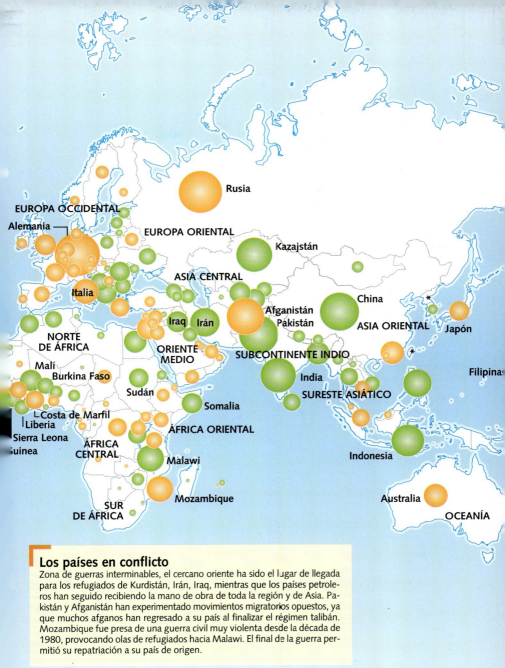

Los países en conflicto

Zona de guerras interminables, el cercano oriente ha sido el lugar de llegada para los refugiados de Kurdistán, Irán, Iraq, mientras que los países petroleros han seguido recibiendo la mano de obra de toda la región y de Asia. Pakistán y Afganistán han experimentado movimientos migratorios opuestos, ya que muchos afganos han regresado a su país al finalizar el régimen talibán. Mozambique fue presa de una guerra civil muy violenta desde la década de 1980, provocando olas de refugiados hacia Malawi. El final de la guerra permitió su repatriación a su país de origen.

Fuente: Population et sociétés, núm. 382, septiembre, 2002, I.N.E.D.

Emigrantes en las orillas del río Bravo (México). Cada año, decenas de miles de personas tratan de atravesar ilegalmente la frontera entre México y Estados Unidos.

El «trastocamiento de los flujos migratorios»

Después de la segunda guerra mundial, se produce una transformación espectacular que Alfred Sauvy, demógrafo y economista francés, ha cualificado como «el trastocamiento de los flujos migratorios». Ya no son los países del Norte los que alimentan los flujos de partida, sino los países del Sur. La mutación afecta también al sexo y la profesión de los emigrantes: se cuentan cada vez más mujeres, y los emigrantes están más cualificados que quienes se quedan en sus países.

En la actualidad, los flujos migratorios siempre están motivados por las diferencias, de un país al otro, en materia de salarios y empleos, en dinamismo demográfico y en seguridad para las personas. Se deja el país de origen para no carecer de lo necesario, para tener un mejor nivel de vida, para escapar de las presiones ideológicas o religiosas, para huir de la guerra. Estos flujos migratorios se organizan en vastos sistemas cuya dirección son los polos de desarrollo (América del Norte, Europa occidental, Japón), algunos países petroleros de Oriente medio y los países emergentes del Sureste asiático. Las relaciones privilegiadas que existían entre las antiguas metrópolis y sus territorios coloniales tienden a atenuarse en provecho de relaciones más variadas con los grandes polos de la economía mundial.

Las estrategias migratorias

Las migraciones revelan verdaderas estrategias familiares: el grupo decide quién o quiénes partirán, que además se alternarán con un emigrante que regresa al país. Las migraciones generalmente se realizan en varias etapas: en México, María dejó su pueblo de Guanajuato por la Ciudad de México. Su hijo, Alejandro, esposo de Lourdes y padre de un pequeño de dos años, probó suerte pagándole a un *pollero* para atravesar de manera ilegal la frontera hacia Estados Unidos. Está en California y espera ahorrar el dinero suficiente para regresar al país y abrir un taller mecánico de automóviles, sueño que espera algún día realizar.

Los países expulsores

> Se puede esbozar una tipología de los países de partida en tres grupos, según el nivel de cualificación de su población, según su situación política y según su grado de desarrollo económico.

Las migraciones de la pobreza

Un primer grupo reúne a los países proveedores de mano de obra más o menos cualificada. La migración desde esos países sigue un esquema clásico: se deja un país pobre para llegar a otro donde haya empleo y riqueza.

En 1995, el costo por hora de la mano de obra era de 0,25 dólares estadounidenses en China, 0,46 en Tailandia, 0,60 en Rusia, 2,9 en Polonia, 13,77 en el Reino Unido, 16 en Canadá, 17,20 en Estados Unidos, 19,34 en Francia, 23,66 en Japón y 31,88 en Alemania.

Se adivina sin dificultad en qué dirección se mueven los flujos migratorios. La gama de países involucrados es diversa, del este de Asia (Indonesia, Filipinas, China) al sur de Asia (Bangla Desh, Sri Lanka, Nepal, la India), a los países de Oriente medio (Egipto, Turquía) y del Maghreb, sin dejar a un lado a los países de América Latina (Perú, Colombia, Haití, México, Bolivia), de África (Malí, Ghana, Lesotho, Botswana) o de Europa del Este (Polonia, Bulgaria, Rumania, Albania).

Las transferencias de fondos entre los países de llegada y los países de origen son crecientes y muy importantes. Una parte de esas migraciones es legal; otra, ilegal. Cada año, miles de emigrantes originarios de América del Sur intentan atravesar la frontera mexicana; los marroquíes tratan de llegar a España, puerta de entrada de Europa.

La mayoría son devueltos a sus países o pierden la vida en el intento. Cada año, 100 000 emigrantes clandestinos intentan cruzar el estrecho de Gibraltar, a riesgo de su vida. En cinco años, entre Tánger y Tarifa, se recuperó a cerca de 4 mil personas ahogadas: y no hay más que 14 kilómetros entre las dos ciudades. A medida que aumenta el nivel de instrucción en el país de origen y que los países de llegada se vuelven más exigentes, el nivel de formación de los emigrantes también se eleva. La edad de los emigrantes está, por término medio, entre los 20 y los 35 años, y la proporción de mujeres y de varones tiende a ser igual.

Transferencias financieras de los inmigrados

Cada año, alrededor de ocho mil millones de dólares estadounidenses se transfieren a Filipinas por los 4,2 millones de personas exiliadas, lo que representa tres veces más que la cantidad de ayuda internacional que recibe.

A mediados de la década de 1990, Burkina Faso equilibraba su balanza de pagos con el dinero de los emigrados. En 1990, 526 millones de dinares eran transferidos en Túnez, es decir, un 5 % del P.I.B., un 50 % de la deuda y el 10 % de los ingresos corrientes de la balanza de pagos. Diez años antes, esas transferencias no superaban los 198 millones de dinares. Así, sobre los muros de las grandes ciudades de los países ricos, se ven a menudo carteles de bancos destacando las facilidades que ofrece la transferencia de fondos hacia los países del tercer mundo.

Las migraciones de capacidades

Un segundo grupo está formado por los países exportadores de capacidades. Se trata de una emigración (en ocasiones temporal) de personas de alto nivel que circulan entre las zonas más desarrolladas del planeta (América del Norte, Europa, Japón, Hong Kong, Australia y Nueva Zelanda). Esta emigración afecta a europeos, estadounidenses o japoneses, pero también, y cada vez más, a residentes de los países del Sur, ingenieros, especialistas en informática, médicos procedentes de Asia y del cercano oriente. Muchos médicos originarios de la India ejercen su profesión en el extranjero. En Asia, la reciente epidemia de SARS ha trastornado temporalmente este tipo de migraciones, ya que los asalariados en general están bien protegidos: sus empresas los hacen regresar temporalmente a los países menos expuestos.

Las migraciones políticas

Un tercer grupo, por último, engloba a países cuya situación política o de conflicto origina la existencia de refugiados. El número de estos últimos fluctúa dependiendo de los conflictos: 17 millones en 1991, 27 millones en 1995, 27 millones en 1997. Esta cifra, pese a su disminución después del fin de la guerra fría, oscila aún entre 13 y 18 millones en el 2001. Los refugiados pertenecen sobre todo a los países del Sur. La situación se apaciguó en algunas regiones (Mozambique, República de Sudáfrica, Namibia), pero sigue siendo preocupante en otros sitios (región de los Lagos, Cuerno de África), recientemente, en Costa de Marfil. Afecta de igual manera a los países de la Europa balcánica y del cercano oriente (ex Yugoslavia, Afganistán, Iraq, Kurdistán).

> **Los países de África subsahariana que recibieron a más de 300 000 refugiados en 1996**
>
> Guinea (que contaba solamente con 7,5 millones de habitantes) tuvo que enfrentarse a la afluencia de 650 000 refugiados; el Congo, a 455 000; Sudán, a 395 000; Tanzania, a 335 000; Etiopía, a 328 000; Costa de Marfil, a 320 000. Los refugiados procedían, por orden decreciente, de los siguientes países: Liberia, 755 000; Somalia, 467 000; Sudán, 434 000; Sierra Leona, 350 000; Eritrea, 343 000, etc. En su mayoría, se trata de países pobres o muy pobres que deben enfrentarse, en algunos casos, a importantes pérdidas progresivas de adultos, y en otros, a cargas financieras considerables, con la ayuda del Alto comisionado de Naciones unidas para los refugiados [A.C.N.U.R.].

Inmigrantes clandestinos en las puertas de España. En el 2001, entre 13 y 18 millones de personas huyeron de sus países en busca de empleo hacia los países desarrollados.

Los países de tránsito y los países receptores

Antes de poder instalarse en Europa o Estados Unidos, los emigrantes pasan por Turquía, México o Malaysia.

Algunos países son lugares de paso para las nuevas migraciones. Éste fue el caso de Canadá, de donde los inmigrantes volvían a salir hacia Estados Unidos a finales del siglo XIX e inicios del siglo XX. Algunos países funcionan en la actualidad como trampolines hacia otras direcciones; son países «pasarela» como Senegal, Marruecos, Turquía, Malaysia, México, y constituyen nexos entre Europa y África, Europa y Asia, Este y Sur de Asia, América del Sur y del Norte.

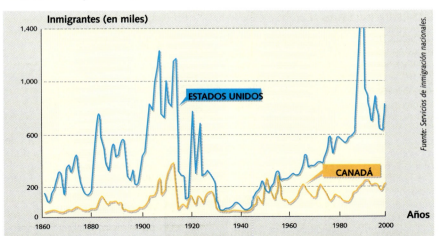

La inmigración en Estados Unidos y Canadá (1860-2000). La inmigración a Estados Unidos no tuvo una evolución regular, nada más lejos de eso: a períodos de flujos muy altos siguieron períodos de reflujo, vinculados a la coyuntura económica o a medidas restrictivas que adoptaron los gobiernos. Se reconoce la gran ola de la década de 1880, que reaparece con más vigor todavía después de 1900, para finalizar con la gran crisis de 1929-1930. La inmigración resurge lentamente después de la segunda guerra mundial hasta el pico de fines de la década de 1980: en 1986, cerca de 3 millones de inmigrantes ilegales fueron autorizados a residir legalmente en el país como consecuencia de la ley *Immigration Reform and Control*. Canadá también vivió oleadas de flujos y reflujos, aunque de menor magnitud que Estados Unidos. Aunque ha recibido a muchos inmigrantes, ese país no ha sido más que un lugar de paso hacia Estados Unidos.

Migraciones: la otra globalización

En valores absolutos, Estados Unidos es el primer polo de atracción de las poblaciones migrantes: 28 millones de sus habitantes nacieron en el extranjero (lo que correspondía al 10 % de la población total en 1999). Luego le siguen la India y Pakistán, Alemania, Canadá, Australia, Arabia Saudí, etc. Pero, al relacionar las cifras con la población del país en cuestión, la jerarquía es absolutamente diferente.

Una hospitalidad selectiva

En Singapur, así como las personas cualificadas y con títulos universitarios son bienvenidas (permiso de larga estancia, facilidades para llevarse a su familia consigo, absorción de los costos que implique su llegada), los inmigrantes no cualificados son penalizados: prohibición de llevarse a su familia con ellos, examen ginecológico de las mujeres para saber si están embarazadas). A Hong Kong llegan muchísimas mujeres filipinas que se ocupan de la cocina o cuidan a los niños.

– Los países petroleros constituyen un primer grupo, el de los más atractivos: en primer lugar, los Emiratos Árabes Unidos, con el 90 % de su población extranjera; Kuwayt, con el 72 %; Qatar, con el 65 %; Arabia Saudí, Bahrayn, Omán, Brunei, Libia, acumulaban a más del 25 % de extranjeros. Esta inmigración puede ser muy aleatoria, pues está sometida a bruscos cambios en la coyuntura económica o política, como la guerra del Golfo, en 1991.
– Un segundo grupo reúne a pequeños territorios, islas o penínsulas: es el caso de Mónaco, Macao, Hong Kong (en la actualidad incorporado a China), Singapur. Estos países reciben entre el 17 % (Singapur) y el 67 % (Mónaco) de extranjeros.
– Un tercer grupo está formado por países inmensos, poco poblados: Australia (2,5 hab./km^2; un 24 % de extranjeros), Canadá (densidad de 3,1 hab./km^2; un 17 % de extranjeros).
– Un cuarto grupo agrupa a los países industrializados occidentales. Europa se ha convertido en el primer continente de inmigración en el mundo. Algunos países pueden incluir hasta un 10 % de extranjeros en su población, como Estados Unidos. Solamente Suiza y aún más en el caso de Luxemburgo, superan esta proporción con un 19 % y un 36 % de extranjeros, respectivamente. Los demás países más atractivos de Europa son Austria (9,3 %), Bélgica (9 %), Alemania (8,9 %), Francia (5,6 %). Los países del sur de Europa, se han convertido recientemente en tierras de inmigración (Italia, España).
– Un último grupo atañe a los países que reciben como primer asilo a contingentes importantes de refugiados: Costa Rica, Irán, Pakistán, Etiopía, Sudán, Tanzania, Guinea, Camboya. Varios de estos países se encuentran entre los más pobres del mundo.

Centro de adopción en Brasil. Cada vez más, las parejas europeas recurren a la adopción de niños que nacieron en los países pobres.

Las limitaciones europeas

Desde la crisis petrolera de la década de 1970, los países europeos intentaron reglamentar las migraciones internacionales, favoreciendo el reagrupamiento familiar pero reprimiendo las llegadas ilegales. En 1985, los acuerdos de Schengen permitieron cierta armonización de las políticas migratorias europeas. El acuerdo de Amsterdam, firmado en 1999, tiene como objetivo una política común integral de inmigración y de asilo hasta el 2004.

Las migraciones de reemplazo o el barril de las Danaides

Algunos estados europeos se preguntaron si debían o no favorecer la llegada de inmigrantes para compensar el envejecimiento de su población, la disminución de la población activa y de la población total.

En julio del 2000, Antonio Vitorino, el comisario europeo de Justicia y asuntos interiores, anunciaba que la política de inmigración cero había finalizado en Europa y que había que invitar a nuevos inmigrantes, sin crear nuevos guetos en las ciudades y metrópolis.

¿Acaso la inmigración contrarresta la evolución demográfica de ciertos países? La División de población de Naciones unidas calculó, suponiendo que el nivel de fecundidad permanezca constante (1,4 a 1,96 hijos por mujer), el número de inmigrantes que cada país debería recibir entre el 2000 y el 2050 de manera que se alcance uno de estos objetivos: igual nivel de población total, igual nivel de población activa, igual proporción de jóvenes con respecto a los ancianos que en 1995. Los cálculos demuestran que habría que introducir cantidades considerables de inmigrantes para contrarrestar las tendencias actuales. No es realista suponer que las cosas vayan a desarrollarse exactamente así. Estos cálculos no toman en consideración la situación de partida y suponen que la población inmigrada se adapta inmediatamente a los comportamientos del país de llegada: las limitaciones son evidentes.

Los países ricos no pueden esperar todo de las migraciones, ya que estas últimas no son capaces de desempeñar un papel compensatorio más que durante un tiempo limitado. Por último, es completamente ilusorio pretender congelar indefinitamente la distribución actual de los jóvenes, los adultos y los ancianos: el envejecimiento es un horizonte inevitable al que se enfrentarán, tarde o temprano, todos los países del mundo.

Cifras engañosas

Alemania, Francia, Italia y el Reino Unido reúnen el 66 % de la población de la Unión Europea y reciben el 88 % de los inmigrantes de la misma. Si esos países pretendieran mantener su población al nivel de 1995, tendrían que triplicar el volumen de la inmigración: 677 000 entradas netas por año en lugar de 237 000. Si el objetivo fuera mantener el mismo volumen de población activa que en 1995, entonces habría que lograr que la inmigración saltara hasta 1,1 millón de personas por año, objetivo, en sí mismo, poco realista. Si, finalmente, el objetivo fuera mantener el mismo equilibrio entre adultos (15-64 años) y ancianos (65 años y más) que en 1995, sería necesario alcanzar una cifra de 9 millones de inmigrantes... En Japón, se necesitarían 10,1 millones, en Rusia 4,1 millones, ¡cada año! El cálculo llega a resultados absurdos. Corea del Sur debería recibir ¡más de 5 mil millones de inmigrados durante el período 2000-2050!

Migraciones: la otra globalización

Las migraciones internas

Cambiar de lugar de residencia sin cambiar de país: se trata de otra forma de migración con un radio de acción más restringido, que se denomina migración interna.

Como en el caso de las migraciones internacionales, la medición de este tipo de movilidad no es fácil pues no existe ningún sistema que registre de manera exhaustiva estos desplazamientos. Los países que cuentan con registros de población (Bélgica) tienen una ventaja sobre los que no cuentan con ellos (Francia). Se puede tener una idea de la movilidad entre censos comparando el lugar de residencia en dos censos consecutivos. Así, en el caso de Francia, más de 27 millones de personas cambiaron de residencia entre 1990 y 1999, lo que representa aproximadamente una de cada dos personas. Dos terceras partes de la población también cambiaron de localidad, un tercio dejó su municipio, un 20 % se fue a otra región. La movilidad es por lo tanto importante. Sin embargo, después de haber aumentado rápidamente hasta 1975, a partir de esa fecha es menos intensa. La región de Île de France, donde se encuentra París, tan atractiva durante mucho tiempo, se ha vuelto deficitaria desde mediados de la década de 1970. La región sureste es sin duda la más atractiva.

Familia de campesinos chinos a su llegada a la ciudad. Entre 1985 y 1990, la migración interna afectó a más del 10 % de la población china.

El caso particular de China

No hay restricción a la movilidad interna en los países democráticos y tiene que ver con las motivaciones personales (acercamiento familiar), con las limitaciones del empleo, con el mercado de vivienda… Sin embargo, no sucede lo mismo en muchos países, en los que no es posible instalarse donde uno quiera ya que el estado controla las migraciones internas. En China, hasta la década de 1980, las migraciones internas se limitaban y controlaban de manera estricta. Las oficinas de seguridad pública vigilaban las migraciones interprovinciales y era imposible migrar del campo hacia la ciudad fuera del marco de migraciones autoritarias, forzadas. Este control funcionaba gracias al sistema de registro de residencia (*hukou*), que separaba completamente las regiones rurales de las regiones urbanas: estaba prohibido que un chino que tuviera su *hukou* en zona rural decidiera instalarse en la ciudad. Por esta razón, en China, el proceso de urbanización fue moderado durante mucho tiempo (en 1980, un 20 % de la población vivía en las ciudades). La migración se realiza en dos etapas: en un primer momento, el emigrante deja una región rural poco desarrollada por otra que lo está un poco más; en un segundo momento, llega hasta una ciudad. La región del este es probablemente el principal destino de los emigrantes procedentes del oeste o del centro. Los emigrantes autorizados están más cualificados que el término medio de la población general, son más jóvenes y, sobre todo, son varones; ocupan puestos despreciados por la mano de obra local, mal pagados, sucios, físicamente difíciles, peligrosos o aburridos. En Beijing, tienen prohibido el ejercicio de 103 oficios. La mitad de los varones trabaja en la construcción. Las mujeres se emplean en los servicios domésticos o trabajan en fábricas (una de cada cinco emigrantes). Estas últimas forman los grandes contingentes de nuevas fábricas que funcionan a lo largo de las costas, al este y al sur de China. Estas grandes fábricas, bien iluminadas durante la noche, recuerdan a las *maquiladoras* mexicanas.

Los emigrantes chinos que llegan legalmente a esos grandes centros (los cercanos a Macao, por ejemplo), no tienen acceso a viviendas individuales, a servicios de atención a la salud ni a la escuela para sus hijos (los varones casados son minoritarios). Viven en condiciones precarias en dormitorios colectivos y envían dinero a su país. Y no obstante, se trata de emigrantes legales: uno se imagina entonces las condiciones de trabajo y de vida de los emigrantes ilegales, cuatro veces más numerosos, que habitan en los alrededores de las estaciones en búsqueda de un empleo, sin ningún tipo de seguridad social.

Ya sean nacionales o internacionales, las migraciones se intensificaron después de la segunda guerra mundial y después del fin de la guerra fría. La globalización de la economía mundial conlleva volúmenes importantes de emigrantes en dirección a las zonas más ricas del mundo, aunque los países del Sur deben soportar la pesada carga de recibir a la mayoría de los refugiados del planeta.

Un chino de cada diez

Se pueden distinguir al menos tres categorías de emigrantes: los emigrantes permanentes que transfirieron su *hukou* legalmente a un lugar de residencia distinto del lugar de nacimiento; los emigrantes de largo plazo, cuyo *hukou* no se trasladó pero cuyo desplazamiento fue autorizado; finalmente, los emigrantes ilegales que constituyen la población flotante. Las dos primeras categorías son observables estadísticamente: se puede contabilizar el número de estos emigrantes en 34 millones de personas (período 1985-1990). Por el contrario, es muy difícil contabilizar la población flotante, estadísticamente invisible: los cálculos van de 80 millones a 120 millones de personas a mediados de la década de 1990. Esto significa que la emigración interna afecta en la actualidad a uno de cada diez chinos

LÉXICO

[Las maquiladoras] son fábricas instaladas en la frontera mexicana, de capital estadounidense, en las cuales miles de mexicanos ensamblan televisores o automóviles que se exportan inmediatamente a Estados Unidos.

Migraciones: la otra globalización

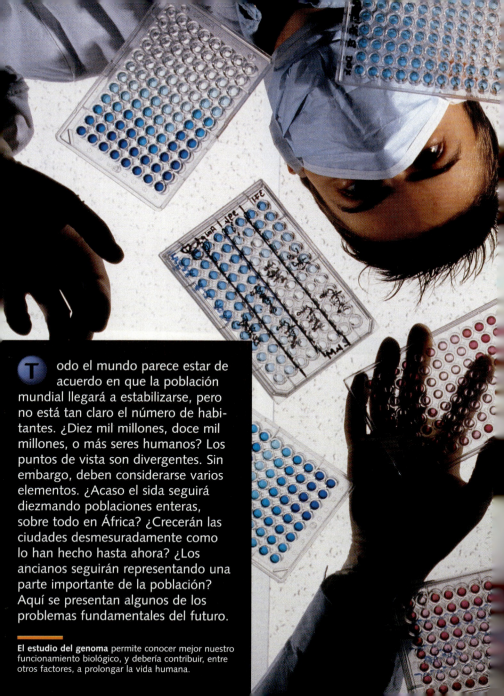

Todo el mundo parece estar de acuerdo en que la población mundial llegará a estabilizarse, pero no está tan claro el número de habitantes. ¿Diez mil millones, doce mil millones, o más seres humanos? Los puntos de vista son divergentes. Sin embargo, deben considerarse varios elementos. ¿Acaso el sida seguirá diezmando poblaciones enteras, sobre todo en África? ¿Crecerán las ciudades desmesuradamente como lo han hecho hasta ahora? ¿Los ancianos seguirán representando una parte importante de la población? Aquí se presentan algunos de los problemas fundamentales del futuro.

El estudio del genoma permite conocer mejor nuestro funcionamiento biológico, y debería contribuir, entre otros factores, a prolongar la vida humana.

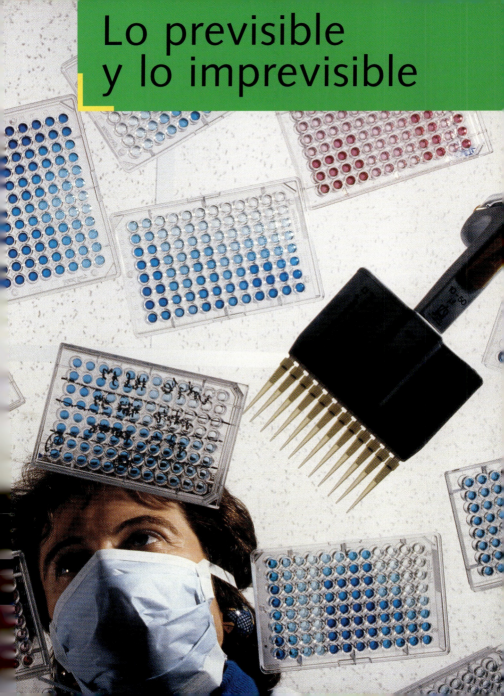

Lo previsible y lo imprevisible

¿Hacia la estabilización de la población mundial?

¿Está llegando la humanidad al final de un proceso que, después de haber visto pasar a la población de mil millones a seis mil millones entre 1800 y 1999, se duplicaría una última vez para estabilizarse alrededor de los diez o doce mil millones de individuos?

Esta es la hipótesis más habitual, y en realidad la única que pronostican los científicos. Recientes y complicados cálculos publicados por la célebre revista británica *Nature* muestran que existe un 85 % de probabilidad de que la población mundial deje de aumentar antes de fines del siglo XXI, y que la probabilidad de que la población de la Tierra no supere los 10 mil millones es del 60 %. Estas cifras confirman los cálculos de la O.N.U. que preveían, en la hipótesis media, una tasa de crecimiento anual inferior al 1 % después del 2050.
En la Revisión 2002, merecen destacarse tres hechos. Las Naciones unidas tomaron en cuenta que algunos países, particularmente de África, tardan en ver descender su fecundidad, por lo que debería hacerse una revisión al alza para estos últimos. El caso de Malí,

La frontera geográfica mexicano-estadounidense —la más atravesada del mundo (tanto legal como ilegalmente)— también es económica: al Norte, el desarrollo, al Sur, la búsqueda de empleo.

Las perspectivas de Naciones unidas

Cada dos años (1998, 2000, 2002…), la División de población de Naciones unidas revisa sus proyecciones demográficas. La Revisión del 2002 es la decimoctava de la serie que se viene desarrollando desde 1950. En el 2002, igual que el 2000 y en 1998, el horizonte escogido es el año 2050. Se plantearon tres hipótesis de fecundidad (baja, media y alta) para los diferentes grupos de países clasificados según su nivel de fecundidad actual. Por otra parte, se prueba una cuarta hipótesis, la del mantenimiento del nivel actual. En cuanto a la mortalidad, Naciones unidas sostiene dos hipótesis: la continuación de las tendencias actuales (aumento de la esperanza de vida al nacer, aunque también descenso para los países afectados por el sida) o mantenimiento del nivel actual. Respecto a las migraciones, también se tomaron dos hipótesis: la continuación de los flujos observados tomando en cuenta las políticas migratorias asumidas por los estados, o bien, migración nula. La combinación de este abanico de hipótesis culmina en seis variantes posibles de proyección. Se tratará aquí, sobre todo, la variante media.

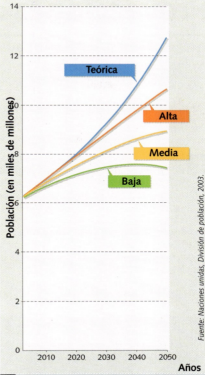

Diferentes proyecciones de la evolución de la población mundial, del 2000 al 2050.
El abanico de posibilidades se abre al horizonte del 2050 si se examinan las tres variantes (alta, mediana y baja) propuestas por la O.N.U.: en la hipótesis baja, la población no llegaría a los ocho mil millones; la hipótesis media, que es la más comentada, daría nueve mil millones de personas, y la hipótesis alta, más de diez mil millones. En cuanto a la hipótesis de la constancia de la fecundidad (teórica) al nivel actual, se percibe que es completamente aberrante, ya que en 50 años la población volvería a duplicar su efectivo actual, superando los doce mil millones de individuos.

estudiado por un equipo franco-maliano, es muy significativo a este respecto: hay una evolución de numerosos parámetros demográficos, en particular los que tienen que ver con el matrimonio y la situación de las mujeres. Pero la fecundidad no se mueve (ver capítulo 4: sobre los bwa). Por otra parte, los expertos propusieron examinar la hipótesis de un nivel de fecundidad próximo al nivel de reemplazo que sería alcanzado por la mayoría de los países menos desarrollados en el transcurso del siglo XXI.

Por otra parte, el efecto del sida se presenta de manera más dramática de lo que parecía hace algunos años: muchos más países han sido afectados, más personas se enferman y mueren. Naciones unidas debió considerar estos hechos en sus proyecciones.

Finalmente, hay que resaltar que las migraciones desempeñan un papel nada despreciable en la evolución demográfica de los países más desarrollados: sin migraciones, la población de esos países en el 2050 sería 126 millones inferior a lo que se previó de continuarse un flujo de inmigración neta.

Lo previsible y lo imprevisible

Proyecciones al 2050

> Como consecuencia de los cambios previstos, la población estimada en el 2002 sería menos elevada que la del 2000: 8 900 millones en lugar de 9 300 millones, de acuerdo con la variante media. La mitad de la diferencia, es decir, 200 millones, se debería al aumento de las defunciones ligadas al sida, y la otra mitad a una fecundidad más baja.

El potencial de crecimiento de la población mundial es considerable (efecto conjunto de la juventud de la población mundial, del descenso proyectado de la mortalidad y de una fecundidad superior al nivel de reemplazo en unos cincuenta países para el 2050), como muestra la última columna de la tabla adjunta. Si la fecundidad permaneciera constante con respecto al nivel alcanzado en 1995-2000, la población pasaría a ser más del doble entre el 2000 y 2050, alcanzando más de doce mil millones de habitantes.
El volumen de la población es muy sensible a una variación pequeña del nivel de la fecundidad. Si las mujeres tuvieran como término medio un hijo y medio más que en la variante media, la población del mundo alcanzaría los 10 600 millones en el 2050. Por el contrario, si tuvieran como término medio un hijo y medio menos, esta población sólo alcanzaría 7 400 millones. La diferencia de un hijo por mujer produce una brecha de más de 3 mil millones de habitantes (7 400 millones frente a 10 600 millones). Se comprende entonces la necesidad

Población estimada en 1950 y en el 2000 y proyectada al 2050 según las cuatro hipótesis de fecundidad (en millones)

Grandes regiones	Población estimada		Población proyectada al 2050 según hipótesis			
	1950	2000	1- Baja	2- Media	3- Alta	4- Constante
Mundo	2 519	6 071	7 409	8 919	10 633	12 754
Regiones más desarrolladas	813	1 194	1 084	1 220	1 370	1 185
América del Norte	*172*	*316*	*391*	*448*	*512*	*453*
Europa	*547*	*728*	*565*	*632*	*705*	*597*
Regiones menos desarrolladas	1 706	4 877	6 325	7 699	9 263	11 568
África	*221*	*796*	*1 516*	*1 803*	*2 122*	*3 279*
Asia	*1 398*	*3 680*	*4 274*	*5 222*	*6 318*	*7 333*
América Latina y el Caribe	*167*	*520*	*623*	*768*	*924*	*1 032*
Oceanía	*13*	*31*	*40*	*46*	*52*	*58*

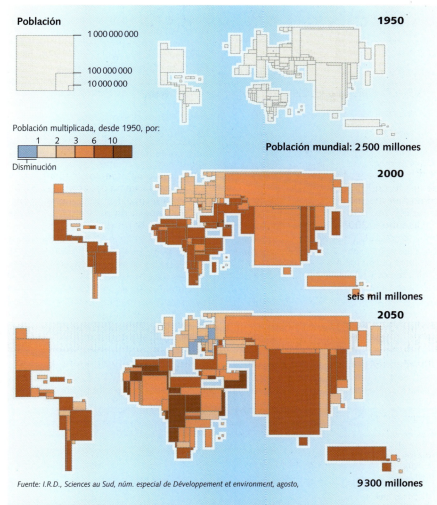

Crecimiento de la población: prospectivas y retrospectivas. Los mapas muestran de manera simultánea el tamaño de la población de cada país en las diferentes fechas y (en colores) el aumento (o la disminución) de la población desde 1950. De esta manera, de 1950 al 2050, China habrá multiplicado su población por 2,6, la India por 4, Bangla Desh por 6, Pakistán por 8, mientras que en varios países europeos del sur y del este la población descenderá. Se observa que varios países de África experimentarán los factores multiplicadores más elevados (10 o más).

Lo previsible y lo imprevisible

Escuela de la selva en Burkina Faso. Frente a una fuerte proporción de jóvenes, algunos países de África se esfuerzan por poner en marcha estructuras escolares adaptadas.

de perfeccionar el conocimiento de los niveles y las tendencias pasadas de la fecundidad para prever mejor el futuro. Otra conclusión que puede extraerse de estos cálculos es la diversidad creciente de dinámicas de población entre países y regiones del mundo. Mientras que la población de los países desarrollados se incrementa a un ritmo del 0,25 % por año, la de los países menos desarrollados crece seis veces más rápido (1,46 %). En el 2050, la población de los países más ricos del planeta continuará con la disminución emprendida desde el 2030. Varios países tendrán un volumen de población inferior al actual. Japón debería perder el 14 % de su población, Italia, el 22 %, Bulgaria, Estonia, Lituania, Georgia, Rusia y Ucrania entre el 30 y el 50 %.

Por el contrario, la población de los países pobres se incrementará en 2 800 millones de habitantes. Y los países más pobres del planeta experimentarán el aumento más rápido en su población (1 700 millones en lugar de 668 millones), pese a la disminución proyectada de la fecundidad. Con una tasa de crecimiento superior al 2,5 % entre el 2000 y el 2050, se supone que las poblaciones de Burkina Faso, Malí, Níger, Somalia, Uganda y Yemen se multiplicarán por cuatro, desde ahora hasta el 2050, pasando de 85 millones de personas a ¡369 millones!

La creciente diversidad se observa también en los niveles proyectados para la mortalidad. Se prevé que la esperanza de vida pase de 65 como término medio mundial a 74 años en el 2050. Para los países desarrollados, esta esperanza de vida pasará de 76 a 82 años, mientras que en los países pobres seguirá siendo mucho más baja (73 años frente a los 63 años actuales).

Población actual y futura de los países pobres cuya tasa de crecimiento es superior al 2,5 % entre el 2000 y 2050 (en millones)

	P.N.B./hab. en 2000*	Población en 2000	Población en 2050
Burkina Faso	970	11 905	42 373
Malí	780	11 904	45 998
Níger	740	10 742	53 037
Somalia		8 720	39 669
Uganda	1 210	23 487	103 248
Yemen	770	18 017	84 385
Conjunto de países		84 775	368 710

* P.N.B. en paridad con el poder de compra.

La influencia del sida

> La probabilidad de contagio del virus del sida se supone que va a disminuir a partir del 2010, aunque el efecto a largo plazo de esta epidemia va a ser, no obstante, considerable.

En el transcurso de la década 1990-2000, se estima en 46 millones el número de defunciones causadas por el sida en los 53 países más afectados: este número podría alcanzar los 278 millones en el 2050. Y aún no hemos visto lo peor.

Botswana es el país que experimenta la tasa de prevalencia del virus más alta (número de enfermos por cada 100 habitantes en determinado momento): uno de cada tres adultos está infectado. La esperanza de vida se había estimado en 65 años en 1990-1995, descendió a 56,3 años en 1995-2000 y se espera que caiga aún a 39,7 años en 2000-2005. La tasa de crecimiento ya se redujo de manera significativa. La población debería decrecer después del 2005-2010 y sería un 20 % más baja en el 2050 que en el 2000. De no existir el sida, hubiera sido un 63 % más alta. Y sin embargo, Botswana, pequeño país productor de diamantes, con 1,6 millones de habitantes, no se encuentra en una situación

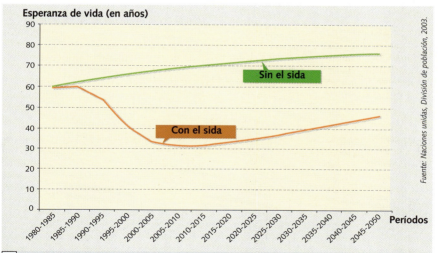

La esperanza de vida en Zimbabwe con y sin el sida (1980-2050). El efecto del sida sobre la esperanza de vida en ese país es dramático. De no existir esta enfermedad, el término medio de vida habría seguido aumentando de manera regular, ganando por ejemplo, 10 años de 1980-1985 a 2010-2015. En lugar de eso, la esperanza de vida disminuye desde 1990-1995 y descenderá hasta unos treinta años hacia el 2010. Así, ese país habrá perdido 30 años de esperanza de vida en algunas décadas. La recuperación será indudablemente lenta.

Enfermo de sida en África. De 1990 al 2000, se estima en 46 millones el número de defunciones en el mundo a causa de esta epidemia.

económica particularmente difícil; además, varias empresas farmacéuticas trabajan con el gobierno botswanés en proyectos preventivos y curativos que no tienen parangón en África. Otros países de la región, como Lesotho, República de Sudáfrica y Swazilandia, sufrirán una reducción de su población. Por el contrario, un país como Zimbabwe, casi tan afectado como Botswana, sólo reducirá su población de manera mínima, aunque la esperanza de vida caerá a 33 años en 2000-2005 en lugar de los 41 años de 1995-2000. En la mayoría de los países afectados, en realidad, el alto nivel de la fecundidad impide que la tasa de crecimiento se convierta en negativa y que la población disminuya. Los países que se contaminaron de manera más tardía, en Asia y América Latina, verán incrementarse su excedente de defunciones en el siglo XXI, con un pico en 2020-2025 en el caso de Asia. La observación de estas regiones será crucial si se pretende evitar la catástrofe que vive África en la actualidad.

Sociedades amenazadas con desestructurarse

El sida no sólo tiene consecuencias sanitarias, sino que afecta a la sociedad en sus estructuras demográficas, familiares y sociales; la estructura por edad, por ejemplo, puede desequilibrarse de manera profunda, ya que el sida provoca la desaparición prematura de varones jóvenes (generalmente más cualificados que el término medio), de mujeres jóvenes y de niños. Este déficit de adultos puede perturbar gravemente la economía, la agricultura, las empresas. Las familias corren el riesgo de disgregarse completamente a causa de la enfermedad: los padres mueren dejando a sus hijos huérfanos, y los parientes son incapaces o se niegan a hacerse cargo de los sobrevivientes o de los enfermos. El costo del tratamiento está fuera del alcance de las poblaciones de los países pobres; ya de por sí, la atención a los enfermos en los hospitales absorbe una parte considerable de los presupuestos de salud. De acuerdo con algunos expertos, los únicos recursos no medicinales contra la expansión de la enfermedad son la prevención (disminución del número de parejas sexuales, utilización del preservativo) y la reducción en la diferencia de edades entre los esposos. Se observa cómo la enfermedad, más allá de los aspectos demográficos estrictos, expone a la desorganización a las sociedades pobres, incapaces de acceder, como en Europa o América del Norte, a los medios terapéuticos disponibles. Estos datos conducen a insistir en la urgencia de las campañas preventivas, en la necesidad de financiarlas en el Sur y en la intensificación de las investigaciones para conocer mejor la historia natural de la enfermedad, encontrar una vacuna y convertir en accesibles las terapias para proteger a las poblaciones afectadas de manera masiva.

Urbanización: ¿hasta cuándo?

> La urbanización constituye uno de los grandes fenómenos del siglo XX, con consecuencias múltiples sobre la vida de las poblaciones y las infraestructuras que implica (transportes, higiene, escuela, equipamientos culturales masivos...).

La tasa de urbanización ha seguido una curva de crecimiento en un principio muy lenta (fase A), luego muy rápida (fase B); en seguida, el crecimiento se desacelera (fase C), por último se estabiliza (fase D). Para el 2025, Naciones unidas ha previsto que la tasa de urbanización podría involucrar al 75 % de la población de los países más avanzados del planeta. Se clasificó a los países del mundo según la fase por la que atravesaban en 1990. Todos los países industrializados estaban en la fase D, igual que Argentina, Uruguay y la República de Sudáfrica. La fase C caracteriza a los países de América Central y Latina, a todo el norte de África así como a una parte del África central, los países del Oriente medio, Europa Oriental y todos los países surgidos de la antigua U.R.S.S., la península india y los países del Sureste asiático. Están en fase B el resto del África subsahariana, Madagascar, China, Nepal, Bangla Desh. Finalmente, aún están en fase A algunos países del África oriental (Burundi y Ruanda), Laos, el este de Papúa y Nueva Guinea en

Construcción de una red de agua en Shanghai. Frente a una urbanización galopante, China debe mejorar y adaptar sus infraestructuras.

Lo previsible y lo imprevisible

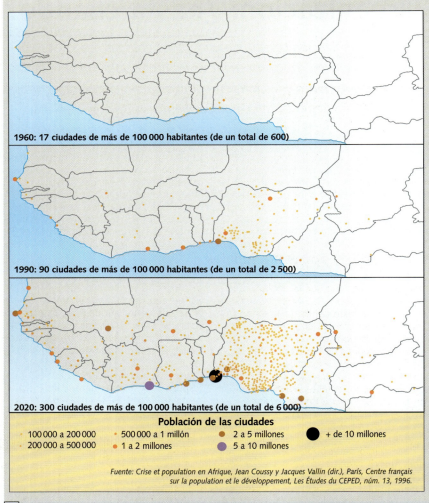

1960: 17 ciudades de más de 100 000 habitantes (de un total de 600)

1990: 90 ciudades de más de 100 000 habitantes (de un total de 2 500)

2020: 300 ciudades de más de 100 000 habitantes (de un total de 6 000)

Población de las ciudades

- 100 000 a 200 000
- 200 000 a 500 000
- 500 000 a 1 millón
- 1 a 2 millones
- 2 a 5 millones
- 5 a 10 millones
- + de 10 millones

Fuente: *Crise et population en Afrique*, Jean Coussy y Jacques Vallin (dir.), París, Centre français sur la population et le développement, Les Études du CEPED, núm. 13, 1996.

Evolución de la red de ciudades de más de 100 000 habitantes en el oeste de África. Antes de lograr la independencia, en 1960, el oeste de África tenía muy pocas ciudades de más de 100 000 habitantes. Por otra parte, las poblaciones eran poco numerosas y la densidad, bastante baja. El aumento en la densidad se dio en 1990, particularmente en Nigeria, que es indudablemente el país más grande de la región. El gran movimiento hacia la urbanización está en marcha, como lo muestra el mapa para el 2020.

Indonesia. Potencialmente, se esperan grandes crecimientos urbanos en el siglo XXI en las regiones de los últimos dos grupos.

El África subsahariana, inmensa zona muy pobre, tuvo de manera muy tardía su proceso de éxodo rural. Pero, una vez que el movimiento comenzó, a partir de que los países de esta región adquirieron su independencia (década de 1960), fue particularmente rápido. La población de las ciudades del África negra prácticamente se multiplicó por diez en menos de la mitad del siglo, pasando de 20 millones de habitantes en 1950 a 184 millones en 1995.

Urbanización en África, 1950-2025

	Porcentaje de la población que vive en zonas urbanas (%)			
	1950	1975	1996	2025
África subsahariana	11	21	32	49
África oriental	5	13	23	39
África central	14	27	33	50
Sur de África	38	44	48	62
África occidental	10	23	37	56

Megalópolis y zonas marginales

En 1996, uno de cada tres habitantes vivía en ciudades, frente a uno de cada diez en 1950, lo que significa que la población urbana se triplicó. Esta proporción, en fuerte aumento con respecto a 1950, se mantiene sin embargo moderada si se la compara con lo que pasa en el resto del mundo: el porcentaje es parecido en el sur de Asia, pero es claramente menos contundente que en el mundo árabe (58 %) o en América Latina (74 %). La mitad de la población subsahariana podría vivir en ciudades en el 2025, de acuerdo con las previsiones de la O.N.U. En la época colonial, el éxodo rural estaba prohibido en las regiones oriental y austral. En 1950, únicamente el 5 % de la población vivía en ciudades en África oriental. Los aborígenes debían permanecer en el campo, en las tareas agrícolas. Sólo los blancos vivían en ciudades. Después de la independencia, las ciudades comenzaron a atraer a los campesinos, y el porcentaje subió al 13 % en 1975 y al 23 % en 1996, proporción que aún sigue siendo baja con respecto al resto de África. El nivel de urbanización era mucho más importante en el sur de África, a raíz del comercio, de la explotación minera y del peso de la población blanca. Cerca de la mitad de la población era urbana en 1996 y dos habitantes de cada tres podrían vivir en ciudades en el 2025. En África occidental y central, aunque las poblaciones rurales podían desplazarse libremente, casi no dejaban el campo y la proporción de población urbana era baja, alrededor del 10 % en África occidental y del 14 % en África central hasta la década de 1950. En los estados de esta región, el crecimiento de las ciudades se realizó inmediatamente después de la independencia y, en la actualidad, uno de cada tres habitantes reside en ciudades.

Mapa *(páginas siguientes)*

En los próximos años, más de la mitad de la población mundial vivirá en zonas urbanas. Este gran crecimiento de las ciudades se realizará, particularmente, en los países en vías de desarrollo.

Lo previsible y lo imprevisible

La transición urbana

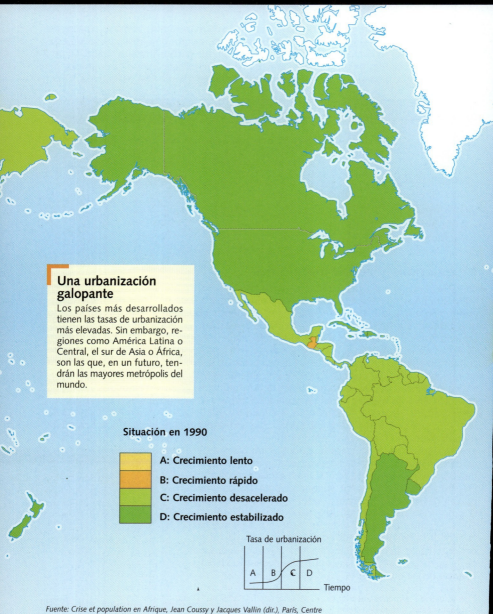

Una urbanización galopante

Los países más desarrollados tienen las tasas de urbanización más elevadas. Sin embargo, regiones como América Latina o Central, el sur de Asia o África, son las que, en un futuro, tendrán las mayores metrópolis del mundo.

Situación en 1990

- A: Crecimiento lento
- B: Crecimiento rápido
- C: Crecimiento desacelerado
- D: Crecimiento estabilizado

Fuente: Crise et population en Afrique, Jean Coussy y Jacques Vallin (dir.), París, Centre français sur la population et le développement, Les Études du CEPED, núm. 13, 1996.

El efecto de las políticas voluntaristas

Desde el neolítico, los seres humanos han tratado de vivir en ciudades, aunque el crecimiento de la población urbana ha sufrido muchos imprevistos: en la edad media, la urbanización tuvo un retroceso, y se mantuvo dentro de límites estrechos en los regímenes autoritarios como el de China entre 1950-1970. En la actualidad, se puede clasificar a los países según su grado de avance en el proceso general de transición urbana. El mapa es elocuente. Países que anteriormente fueron colonizados (África) o tuvieron regímenes autoritarios (China) tienen en 1990 tasas de urbanización todavía bajas, aunque en crecimiento rápido (fase B).

El crecimiento extremo de las ciudades africanas

Actualmente, las ciudades subsaharianas crecen a un ritmo del 5 % anual, lo que implica que la población se duplicará en 12-14 años. En el 2025, las ciudades del África subsahariana podrían tener más de 700 millones de habitantes, es decir, más de la mitad de la población de la región. Una parte importante de la población urbana puede concentrarse en la capital. Así, Muqdisho concentra el 40 % de la población urbana de Somalia, y Maputo, el 38 % de la de Mozambique. Una situación extrema es la que plantea Monrovia, que concentra a nueve de cada diez personas que habitan en medio urbano de Liberia, lo mismo que Conakry, en Guinea. Por el contrario, en Nigeria y en la República de Sudáfrica, la distribución de la población urbana está más equilibrada: el primer país tiene al menos 6 ciudades con más de 1 millón de habitantes; el segundo, 8.

Se puede destacar que los países marítimos están más urbanizados que los países continentales. El crecimiento de las ciudades se realiza gracias a un flujo permanente de población de origen rural, pero también gracias a las tasas de natalidad, que siguen siendo elevadas en las ciudades. La particularidad del crecimiento urbano en África subsahariana es que se llevó a cabo sin estar acompañado por un desarrollo industrial significativo. Una parte de estos flujos fue absorbida por el sector artesanal y de servicios (comercio, transportes...) y sobre todo por el sector informal, pero una gran parte de los recién llegados permanecen sin empleo, y a menudo, sin un lugar adecuado para vivir. La crisis económica, con los planes de ajuste estructural impuestos por el Banco mundial, agravó la situación del empleo al suprimir numerosos puestos en la administración y en las empresas. En treinta años, se desarrollaron enormes zonas marginales en Dakar, fenómeno importante que traduce la dificultad de ese lugar pobre para satisfacer las necesidades más elementales de sus nuevas poblaciones. La distribución de agua, el alcantarillado y el desagüe, los transportes, las escuelas, la atención a la salud y la energía escasean en esas zonas

En el África negra, la población de las ciudades prácticamente se multiplicó por diez en menos de 50 años, pasando de 20 millones de habitantes en 1950 a 184 millones en 1995.

Favela en Brasil. En América Latina, el flujo de las poblaciones rurales hacia las ciudades (más de 380 millones de habitantes) ha provocado inmensos problemas sociales.

marginales que no dejan de extenderse. Sin embargo, los habitantes de zonas rurales al menos deben obtener algún tipo de beneficio en las ciudades, ya que siguen dejando sus pueblos natales. Sin embargo, se observan movimientos de regreso a los pueblos de habitantes de las ciudades que no encontraron ninguna solución que les garantizara su subsistencia y la de su familia. América Latina está en una buena posición para convertirse en uno de los continentes más urbanizados del planeta. Desde 1950, la población urbana se estimaba en el 41 %. Entre 1950 y el 2000, esta población pasó de 65 a 380 millones. Pero lo que afecta probablemente más en la región, es el gigantismo de las megalópolis.

En 1950, existía una única gran ciudad, Buenos Aires, con más de 5 millones de habitantes: en ese momento era la octava ciudad del mundo. En 1975 ese número pasaba a cuatro y México ya era la ciudad más grande del continente con más de 10 millones de habitantes. En el 2000, siete ciudades tenían más de 5 millones de habitantes, manteniendo México su primer lugar en el continente y el planeta, con 18 millones de habitantes. Para el 2015, la O.N.U. prevé que América Latina contará con nueve ciudades de más de 5 millones de habitantes (São Paulo ocupará entonces el primer lugar con 21 millones de habitantes), y esta población representará a 100 millones de personas. América Latina contará entonces con las dos megalópolis más grandes del mundo: São Paulo y México.

El fenómeno de las ciudades medianas latinoamericanas

Toluca, en México; Valencia, en Venezuela, experimentan un crecimiento más rápido que el de la Ciudad de México o Caracas. Igualmente, a lo largo de la frontera mexicana, ciudades como Tijuana, Ciudad Juárez y Mexicali crecen más rápido que la capital. En Brasil, las ciudades de Belém, Belo Horizonte, Curitiba, Fortaleza, Porto Alegre o Salvador de Bahía crecen más rápidamente que São Paulo y Río de Janeiro en la década de 1980.

La explosión urbana continúa, pero encuentra nuevos centros de expansión.

Estas ciudades medianas deben su crecimiento, de manera simultánea, a un saldo natural positivo, a la continuación del éxodo rural, pero también a una migración procedente de metrópolis más grandes, lo que probablemente representa, en un horizonte más lejano, un nuevo equilibrio en el poblamiento.

La revolución gris

Un fenómeno está a punto de revolucionar el mundo, y sobre todo el mundo desarrollado: se ha dado en llamar la explosión de la tercera y de la cuarta edad.

Si la población mundial se estabiliza entre los diez y los doce mil millones de habitantes, la composición de la población habrá cambiado bastante: es una revolución que se prepara y que anticipan los viejos países industrializados. La edad media de la población mundial (edad que divide en dos partes iguales a la población) era de 23,6 años en 1950; se eleva a 26,4 años en el 2000 y alcanzará 36,8 años en el 2050. Los niños y los jóvenes son reemplazados por adultos y particularmente por personas de edad avanzada. Se observa que el proceso a escala mundial durante el siglo XX ha sido lento, pero que se acelera en el siglo XXI. La proporción de personas menores de 15 años era del 34 % en 1950; del 30 % en el 2000 y descenderá aún para alcanzar el 20 % en el 2050: se habrán perdido 10 puntos porcentuales en 50 años. Paralelamente, el porcentaje de personas de 60 años y más se duplicará entre el 2000 y el 2050, pasando del 10 al 21 %. En el 2000, en los países ricos, la proporción de ancianos superaba la de los jóvenes (el 19 % frente al 18 %); en el 2050, alcanzará el doble de la proporción de los jóvenes (el 32 % contra el 16 %). Los países en desarrollo casi no experimentaron este proceso en el siglo XX, pero este último se intensificará a medida que la fecundidad descienda. En el 2000, la proporción de jóvenes era del

Ancianos chinos. En el 2050, China tendrá cerca de 420 millones de personas de más de 60 años, en lugar de los 129 millones actuales.

Los **años de la posguerra experimentaron una natalidad** excepcionalmente alta en los países industrializados. Sin embargo, se asiste a un giro de la situación marcado por el descenso de la fecundidad de la siguiente generación.

33 %, mientras que los individuos de edad avanzada representaban el 8 % de la población. En el 2050, la proporción de estos últimos alcanzará el 20 % y la proporción de jóvenes será entonces del 21 %: En números absolutos, este envejecimiento se traducirá en un aumento considerable del número de ancianos: 606 millones en el 2000; 1 900 millones en el 2050, la mayoría de los cuales vivirá en países actualmente poco desarrollados (1 500 millones): un verdadero desafío al que deberán enfrentarse los países que carecen de sistemas de seguridad social. China tendría en el 2050 cerca de 420 millones de personas de más 60 años, en lugar de los 129 millones con que cuenta en la actualidad, y la India, 308 millones en lugar de 76. Japón es, hoy en día, el país cuya población ha envejecido más (edad media de 41,3 años), seguido por Italia, Suiza, Alemania y Suecia. En el 2050, Japón mantendrá el primer lugar (edad media de 53,2 años). Países como Armenia, la República Checa, Estonia, Grecia, Italia, Letonia, Singapur, Eslovenia y España estarán muy cerca con una edad media de 51 años. El número de personas de 100 años o más también aumentará de manera impresionante, se multiplicará por veinte de aquí a cincuenta años, pasando de 167 000 en el 2000 a 3,3 millones en el 2050. Es evidente al ver estas cifras que las personas de edad avanzada ocasionarán un problema de recepción en términos financieros, de estructuras de albergue adecuadas, de personal competente... La tarea por realizar es inmensa, pero aún queda algo de tiempo para hacerle frente.

El boom de la cuarta edad

La población en edad avanzada se va a componer cada vez de personas más ancianas, debido a los progresos en la esperanza de vida. La cuarta edad (más de 80 años) reunirá a 377 millones de personas en el 2050 en lugar de los 69 millones actuales. Es el grupo de edad que aumenta de manera más rápida en la población mundial. En el 2050, en 21 países, más de un décimo de la población tendrá 80 o más años: se trata de países europeos, pero también de Japón, Corea del Sur, Singapur, Macao, Hong Kong, Cuba, Guadalupe... China tendrá cerca de 100 millones de personas en ese grupo de edad.

Lo previsible y lo imprevisible

Los terrenos desconocidos de la postransición

Más allá de algunas certezas respecto de las próximas cuatro décadas, persisten grandes interrogantes. ¿Seguirá bajando la fertilidad de los países europeos? ¿Causarán estragos las nuevas enfermedades?

Las perspectivas basadas en la teoría de la transición demográfica ofrecen una visión del futuro que contiene algunos elementos consistentes: el crecimiento demográfico va a continuar en el siglo XXI como consecuencia del potencial acumulado desde hace cuatro décadas; la Tierra tendrá alrededor de diez mil millones de habitantes cuando la población se estabilice; el continente africano alcanzará más de dos mil millones de habitantes; la carga más pesada recaerá en los países más pobres; todos los países del mundo experimentarán un envejecimiento de su población…

Más allá de estas certidumbres, existen de hecho grandes interrogantes vinculadas con nuestro desconocimiento total de lo que pasará después de la transición, ya que los demógrafos no tienen modelos que puedan aplicarse en el siguiente período.

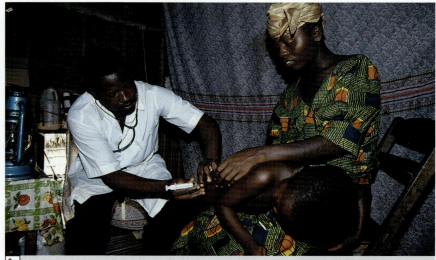

Dispensario en la selva de Benín. Las condiciones geográficas, económicas y sociales obligan a adaptar los métodos occidentales a una medicina tanto de atención como preventiva.

Desde hoy, entonces, se plantea un tema muy importante. Algunos países del sur y del este de Europa presentan desde hace tiempo tasas de fecundidad inferiores al nivel de reemplazo (un poco más de 2 hijos por mujer). ¿Hasta dónde llegarán en este descenso de las tasas de fecundidad? ¿Disminuirá su población? Si es que lo hacen, ¿cómo reaccionarán las sociedades afectadas? Estamos en plena *terra incognita*.

Un medio ambiente modificado

Por el lado de la mortalidad, pasa lo mismo, con el resurgimiento de enfermedades antiguas (tuberculosis, paludismo...) o de enfermedades virales nuevas, como el sida. El ser humano ha modificado su entorno, se ha dotado de medios terapéuticos poderosos para luchar contra las terribles enfermedades infecciosas y parasitarias que lo abatían en el pasado. Sin embargo, su dependencia respecto de las vacunas y medicamentos que produjo puede hacerlo más frágil en algunos casos (como con los antibióticos). Por otro lado, los avances en las biotecnologías, el descubrimiento progresivo del genoma humano abre perspectivas inauditas: la humanidad está, probablemente, en la víspera de grandes descubrimientos que atañen a los mecanismos del envejecimiento.

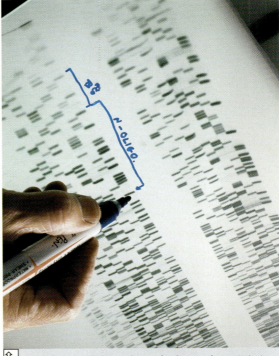

El estudio del genoma ayuda a profundizar en el conocimiento sobre el funcionamiento biológico de los seres humanos y de otros organismos, con el objetivo de elaborar tratamientos más eficaces.

LÉXICO

[El genoma]
El genoma designa el conjunto de la información hereditaria de un organismo. El genoma de una bacteria contiene algunos miles de datos (bases); el de un ser humano, alrededor de tres mil millones.

El porvenir sigue abierto

En ese caso, todos los sistemas demográficos conocidos hasta el momento volverían a ser considerados en su totalidad, particularmente el ciclo de vida y la sucesión generacional. Siempre es difícil, cuando se proyecta hacia el futuro, hacer abstracción de las restricciones y de los sistemas existentes: los demógrafos, igual que los otros científicos, no son la excepción. El porvenir sigue entonces abierto.

Lo previsible y lo imprevisible **113**

Perspectivas y debates

Explosión demográfica y alimentación

Una cuestión sigue siendo crucial para el futuro de la humanidad: el volumen de productos alimenticios, ¿será suficiente para alimentar a los tres mil millones de personas más que habrá en el año 2050? Estamos en el punto de intersección entre la demografía y la economía.

En la actualidad, cientos de millones de personas sufren no solamente de desnutrición, sino que además pueden morir de hambre. Especialistas, expertos en nutrición, agrónomos, demógrafos o economistas, se interesan en este tema desde la década de 1950, sobre todo para asesorar a la F.A.O. (Organización de las Naciones unidas para la alimentación y la agricultura), pero particularmente para prever lo que nos depara el futuro.

¿Habrá suficientes alimentos en el 2050?

Para poder anticipar mejor el futuro, en principio hay que examinar la situación actual comparando las disponibilidades alimentarias y las necesidades nutricionales de la población. Nos basaremos aquí en cálculos realizados en 1996 por un ingeniero agrónomo del I.N.E.D., Philippe Collomb. La F.A.O. ha estimado las disponibilidades alimentarias en 1992 en 2 718 kilocalorías por persona y por día (excluyendo los productos destinados a la alimentación del ganado). Las necesidades nutricionales definidas por los expertos en nutrición varían según el sexo, la edad, la talla, el peso, la actividad

> **El apoyo internacional para la agricultura, a la baja**
>
> El volumen del apoyo público al desarrollo destinado a la agricultura cayó de 4 900 millones de dólares estadounidenses a 2 500 millones entre 1988 y 1999. La parte correspondiente a la agricultura de los préstamos de las bancas de desarrollo multilaterales también ha descendido. La parte de los préstamos del Banco mundial para la agricultura, que representaba, hace veinte años, alrededor del 25 % del total de sus créditos, cayó en el año 2000 a alrededor del 7 %, lo que representa algo así como 1 100 millones de dólares. Los préstamos a la agricultura concedidos por las bancas regionales de desarrollo disminuyeron de la misma manera.
>
> *Fuente:*
> *Fonds international de développement agricole.*

Producción y rendimiento de arroz en el 2002

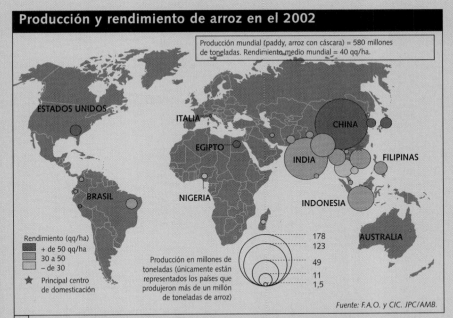

Producción mundial (paddy, arroz con cáscara) = 580 millones de toneladas. Rendimiento medio mundial = 40 qq/ha.

Rendimiento (qq/ha)
- + de 50 qq/ha
- 30 a 50
- – de 30
- ★ Principal centro de domesticación

Producción en millones de toneladas (únicamente están representados los países que produjeron más de un millón de toneladas de arroz)

178
123
49
11
1,5

Fuente: F.A.O. y CIC. JPC/AMB.

El arroz alimenta a cerca de la mitad de la humanidad. Nueve décimos de la cosecha de arroz provienen del Asia de los monzones, donde su cultivo permite vivir a grandes poblaciones. La gran flexibilidad del cultivo de ese cereal y el desarrollo de las técnicas agrícolas, explica que se cultive en medios muy diversos.

física, etc. Esas necesidades se calculan, por ejemplo, en 2 400 kcal para las poblaciones norteamericanas y en 2 150 kcal para las poblaciones africanas.

Globalmente, la situación ha evolucionado desde la década de 1960, ya que la tasa de cobertura alimentaria pasó de 1,05 en 1962 a 1,12 en 1970, y a 1,23 en 1990. Las poblaciones productoras de arroz mejoraron claramente su desempeño, lo que no sucedió en las que se alimentan fundamentalmente de raíces o tubérculos. Este mejoramiento se explica, sobre todo, por el desarrollo económico, en particular por el desarrollo rural (revolución verde en la India y en otras partes, acondicionamiento hidráulico, regulación de los mercados,

conservación de las reservas…). Los países más ricos pudieron de esta manera importar los productos que les hacían falta.

Sin embargo, la situación actual presenta grandes contrastes, dependiendo del continente de que se trate. La tasa de cobertura es, por término medio, de 1,08 para el continente africano. Pero si bien los países del norte de África tienen los recursos financieros para obtener cereales en masa, los países ubicados al sur del Sahara, cuya población vive del mijo y del sorgo, no se encuentran en la misma situación: el déficit es crónico. Igualmente, en los lugares en los que los habitantes se alimentan de taro, ñame y mandioca, la hambruna es endémica, debido a la falta de recursos para importar cereales.

Perspectivas y debates

Perspectivas y debates

La cumbre del Milenio

En septiembre del 2000, los dirigentes mundiales reunidos en la cumbre del Milenio suscribieron el compromiso de «disminuir a la mitad, desde ahora y hasta el 2015, la proporción de aquellos que viven con menos de un dólar diario y de los que sufren hambre». La insuficiencia en el consumo no es el único aspecto de la pobreza. Ésta tiene algunos otros, por ejemplo la desnutrición, el analfabetismo, la corta esperanza de vida, la inseguridad, la impotencia y la falta de autoestima. Conscientes de estos aspectos pluridimensionales de la pobreza, los estados miembros de la O.N.U. escogieron, en la declaración adoptada en la cumbre del Milenio, un enfoque que considera múltiples áreas, particularmente el desarrollo, la educación y la salud, y cuyo fin último es la reducción de la pobreza. La realización de los objetivos del Milenio exige un crecimiento económico más rápido que se apoye en una base más amplia. En el transcurso de los últimos diez años, la reducción de la pobreza avanzó a un ritmo muy inferior al de las dos décadas precedentes; fue tres veces menos rápido de lo que se hubiera esperado para conseguir disminuir la pobreza extrema mundial a la mitad de aquí al 2015, y hasta seis veces menos rápido en África subsahariana.

Fuente:
Fonds International de développement agricole.

¿Cómo evaluar las necesidades nutricionales del 2050?

Las necesidades futuras dependen, en principio, del volumen de la población mundial. El paso de 5 700 millones en 1995 a 9 800 millones en el 2050 (haciendo uso de la hipótesis media planteada por la O.N.U. en 1994) representaría un aumento global del 72 %, es decir, un 2 % para los países desarrollados y un 174 % para los países en desarrollo. Pero además intervendrán otros factores, como la proporción de jóvenes y de ancianos, la talla promedio de los individuos, la urbanización, la evolución de la fecundidad. Se necesitará más alimento para las poblaciones jóvenes de África y menos para las poblaciones que envejecen de Europa, Japón y América del Norte.

El aumento de la talla promedio de las personas originará una demanda creciente de alimentos; los individuos más grandes tienen necesidades mayores que las personas de talla pequeña. La influencia de la alimentación sobre el crecimiento es un hecho reconocido: la talla de los chinos aumentó de manera significativa desde hace algunas décadas. En escala mundial, este crecimiento podría alcanzar 1 cm por década. Por el contrario, la urbanización (que también supone un cambio de actividad) y la fecundidad (las mujeres que no están embarazadas tienen menos necesidades que las que sí lo están) actúan en sentido inverso y provocarán un descenso en las necesidades medias.

Así, de 1995 al 2050, las necesidades de la población mundial aumentarían un 75 %, con importantes variaciones regionales: un 60 % para los países consumidores de arroz, un 250 % para los países del África subsahariana.

También hay que considerar un factor complementario fundamental: la diversificación de los regímenes alimentarios. Desde el momento en que inventaron la agricultura y la ganadería, las poblaciones humanas han recurrido de manera masiva a los cereales, las raíces y los tubérculos, hasta tal punto que se volvieron dependientes de las malas cosechas, como sucedió con la hambruna de Irlanda en 1845-1846, causada por una enfermedad de la papa o patata. A medida que los países emprendieron la revolución industrial, sus poblaciones empezaron a consumir más carne, muy rica en calorías. Si esta evolución continúa durante el siglo XXI para todas las poblaciones del mundo, se originarán más necesidades de productos vegetales.

Tomando en cuenta este último factor, hay que prever finalmente un aumento del 125 % en los recursos de origen vegetal para satisfacer las necesidades de la población en el 2050: un 2 % para los países ricos, un 92 % para América Latina, un 134 % para Asia y un 414 % para África. Este aumento representa una tasa de crecimiento de la producción agrícola que supera el 3 % en África, y que es inferior al 2 % en el resto del mundo.

¿Se continuará con la producción agrícola?

Tales objetivos no son inalcanzables, ya que la tasa de crecimiento de la producción agrícola en el este de Asia entre 1975 y 1990 superó el 4 %. La búsqueda de variedades cerealeras más productivas y de rendimientos más regulares se intensifica y forma parte de los debates, a veces violentos, entre agricultores, biólogos y políticos. Las investigaciones se han centrado en el trigo, el arroz, el maíz; sería deseable que también tuvieran en cuenta las raíces y los tubérculos.

La incertidumbre mayor se refiere al continente africano, que tiene importantes desventajas: pobreza, déficit de infraestructuras, escasez local de individuos en buen estado de salud a causa del sida.

Estos cálculos se hicieron en 1996. Desde entonces, la O.N.U. ha revisado a la baja sus previsiones para el 2050: en la hipótesis me-

> La decisión tomada el 25 de septiembre del 2003 por el presidente de Brasil, Lula da Silva, de legalizar provisionalmente la venta de soja genéticamente modificada para la cosecha del 2004 aparece como muy simbólica de las apuestas formidables que representan los O.G.M. (Organismos genéticamente modificados) para la agricultura, la salud y el medio ambiente. Esta decisión fue aplaudida por muchos agricultores y criticada por quienes comparten la perspectiva de los ecologistas (*Le Monde*, 25 de noviembre del 2003).

dia, no se esperan más que 9 800 millones de habitantes, pero cerca de mil millones menos (8 919) disminuyen proporcionalmente la presión sobre la producción agrícola. Entonces, ¿comeremos lo suficiente dentro de cincuenta años? Es una posibilidad, pero según las siguientes condiciones: que las investigaciones se interesen en los alimentos cuya demanda aumenta de manera más significativa; que el acceso a los alimentos sea posible para todos (lo que está lejos de suceder); y finalmente, que los arbitrajes nacionales e internacionales favorezcan a los campesinos pobres, productores de recursos alimenticios.

Tabla *(páginas siguientes)*

De la Europa de los 15 a la Europa de los 25. *Con la llegada de 10 nuevos países, la Unión europea —que abarcaba en el 2003 a 380 millones de personas— aumentará esa cifra 74 millones. El paisaje demográfico de la Unión no se verá, sin embargo, radicalmente modificado, aunque el saldo natural negativo y la menor esperanza de vida tendrán como efecto disminuir el ritmo de crecimiento anual, la esperanza de vida y el número de hijos como término medio por mujer.*

Perspectivas y debates

País	Población a mediados del 2003 (en millones)	Población a mediados del 2025 (en millones)	Tasa de natalidad (por mil)	Tasa de mortalidad (por mil)
Europa de los 15				
Alemania	82,6	78,1	9	10
Austria	8,2	8,4	9	9
Bélgica	10,4	10,8	11	10
Dinamarca	5,4	5,9	12	11
España	41,3	43,5	10	9
Finlandia	5,2	5,3	11	9
Francia	59,8	63,4	13	9
Gran Bretaña	59,2	62,9	11	10
Grecia	11	10,4	9	9
Irlanda	4	4,5	15	8
Italia	57,2	57,6	9	10
Luxemburgo	0,5	0,6	12	8
Países Bajos	16,2	17,7	13	9
Portugal	10,4	10,3	11	10
Suecia	9,0	9,6	11	11
Total 15	**380,4**	**389,0**		
Nuevos estados miembros				
Chipre	0,8	—	12	8
Estonia	1,4	1,2	9	14
Hungría	10,1	8,9	10	13
Letonia	2,3	2,2	9	14
Lituania	3,5	3,5	9	12
Malta	0,4	0,4	10	8
Polonia	38,6	38,6	10	9
República Checa	10,2	10,1	9	11
Eslovaquia	5,4	5,2	10	10
Eslovenia	2,0	2,0	9	9
Total 10*	**73,9**	**72,1**		
Total 25*	**454,3**	**461,1**		

* Sin incluir a Chipre.

Tasa de crecimiento natural (%)	Tasa de mortalidad infantil (por cada mil nacimientos)	Índice de fecundidad (por mujer)	Esperanza de vida al nacer (varones/ mujeres, en años)
−0,1	4	1,3	75/81
0	5	1,3	76/82
0,1	5	1,6	75/81
0,1	5	1,7	75/79
0,1	3	1,2	76/82
0,2	3	1,7	75/79
0,4	4	1,9	76/83
0,1	5	1,6	75/80
0	6	1,2	76/81
0,7	6	2	75/80
−0,1	5	1,2	77/83
0,4	6	1,7	75/81
0,4	5	1,7	76/81
0,1	5	1,5	74/80
0	4	1,6	78/82
0,4	6	1,8	75/80
−0,5	9	1,3	65/76
−0,3	7	1,3	65/72
−0,5	11	1,2	65/76
−0,3	8	1,2	66/77
0,2	3	1,5	74/80
0,1	8	1,3	70/78
−0,2	4	1,2	72/78
0	6	1,2	72/78
0	9	1,2	72/80

Léxico

Censo
Operación efectuada con el fin de establecer el número de la población en un momento determinado (el último censo se llevó a cabo en China en noviembre del 2000).

Cohorte (o promoción)
Conjunto de personas que vivieron un mismo acontecimiento el mismo año.

Demografía
Ciencia que tiene por objeto el estudio de las poblaciones humanas, principalmente desde el ángulo cuantitativo. El término fue inventado por Achille Guillard en 1855 (Eléments de statistique humaine ou démographie comparée).

Densidad
Número de habitantes por kilómetro cuadrado.

Encuesta
Operación que permite, mediante una muestra representativa de la población, dar información pertinente sobre un tema en particular (fecundidad, mortalidad según el grupo social, salud, prácticas anticonceptivas, vida conyugal…).

Enfermedad emergente
Dícese de una enfermedad que anteriormente era desconocida, ya sea porque los científicos no contaran con los medios para verificarla, o porque alguna circunstancia hubiera permitido su aparición (mutación de un virus, transmisión de un animal a un hombre…). El sida es una enfermedad emergente del siglo xx.

Envejecimiento demográfico
Aumento en la población de la proporción de personas que tienen más de cierta edad (60 años, 80 años…). Diferenciar del envejecimiento biológico. Noción para analizar en el terreno histórico.

Esperanza de vida al nacer
Duración promedio de vida de una generación. Se calcula a partir de una tabla de mortalidad.

Esperanza de vida de no existir discapacidad
Duración promedio de vida para un grupo de individuos que no presenta discapacidad importante o leve. Dicho de otro modo, esperanza de vida en (buena) salud.

Fecundidad
Nacimientos relacionados con las mujeres en edad de procrear. Las tasas de fecundidad se calculan anualmente relacionando los nacimientos clasificados según la edad de las madres con el promedio de efectivos de las mujeres de la misma edad.

Fertilidad
No confundir con la fecundidad; dícese de la capacidad de una mujer (o de un hombre) de procrear. Se opone a la esterilidad.

Generación
Conjunto de personas nacidas en un mismo año.

Índice de masculinidad
Ver sex ratio.

Longevidad
Número de años que puede vivir como máximo un individuo de la especie humana. En la actualidad, alrededor de los 120 años.

Malthusianismo
Política de población que busca limitar el crecimiento de una población, ya sea por medios «morales» como preconizaba Malthus, o a través de la anticoncepción o el aborto (neomalthusianismo).

Migración
Concierne a todo desplazamiento de un individuo de un lugar a otro. Se distingue a las migraciones internas (en el interior de un país), de las migraciones internacionales (que suponen atravesar una frontera).

Mortalidad infantil
Relación en un año determinado entre las defunciones ocurridas antes del año de edad y el total de los nacimientos en ese año. Es un criterio importante de desarrollo en términos de salud.

Pirámide de edad
Representación gráfica que permite visualizar la distribución por edades de varones y mujeres.

Poblacionismo
Cualquier política poblacional que persigue el crecimiento de la población de un país, de una región. Se opone al malthusianismo.

Poblamiento
Noción que se refiere a la ocupación, más o menos densa y progresiva, de un territorio (así, los valles están más densamente poblados que las mesetas, las regiones costeras de China más que las zonas montañosas; el poblamiento del Canadá francés se dio de manera progresiva durante el siglo XVII, etcétera).

Políticas de población
Medidas que tienen como objetivo modificar o acompañar ciertos comportamientos relativos a la fecundidad, la salud, las migraciones, la distribución de la población.

Prevalencia
Frecuencia con que se presenta en una población determinada enfermedad. Se calcula relacionando la población censada un día j con el número de enfermos durante una jornada.

Proyecciones
Cálculos que se realizan a partir de hipótesis de fecundidad, de mortalidad y de migración para señalar el futuro posible de la población de una región, de un país, o del mundo, en un horizonte determinado. Este tipo de cálculos también se realizan acerca de las poblaciones profesionales.

Registro civil
Sistema que permite registrar diariamente las defunciones, nacimientos, matrimonios en una población. No se cuenta con él en todo el mundo.

Reproducción
Noción que se refiere a la capacidad de una población (tomando a las mujeres como referencia) de reproducirse. Con el estado actual de la mortalidad, se necesitarían 2,1 hijos por mujer para que las mujeres de los países industrializados se reproduzcan idénticamente; es decir, que se garantice que nazca una niña por cada mujer.

Saldo migratorio
Dícese de la diferencia entre las entradas y las salidas de un territorio. Puede ser positivo o negativo.

Saldo «natural»
Dícese de la diferencia entre los nacimientos y las defunciones. Puede ser positivo o negativo.

«Sex ratio» o índice de masculinidad
Número de varones por cada 100 mujeres.

Sobremortalidad
Dícese de cualquier mortalidad que supera una norma. Rusia experimenta una sobremortalidad con respecto a Europa occidental, los varones con respecto a las mujeres (salvo excepciones).

Tabla de mortalidad
Tabla que se calcula a partir de las defunciones y de la población con el fin de describir en cada edad de la vida las probabilidades de mortalidad o de supervivencia.

Tasa bruta de mortalidad
Número de defunciones anuales por cada mil habitantes.

Tasa bruta de natalidad
Número de nacimientos anuales por cada mil habitantes.

Tasa de crecimiento anual promedio
Aumento de la población (en %) entre dos primeros de enero.

Tasa de urbanización
Proporción de personas que viven en ciudades. La definición de «ciudades» varía mucho dependiendo de los países.

Transición demográfica
Teoría que explica el proceso que permite a las poblaciones humanas pasar de un régimen de fecundidad y mortalidad altas a otro de fecundidad y mortalidad bajas. No existe un modelo único de transición demográfica.

Transición sanitaria
Proceso que da cuenta del paso de una mortalidad provocada por enfermedades infecciosas a una mortalidad marcada por enfermedades crónicas y degenerativas (como los cánceres y las enfermedades cardiovasculares).

Sitios de Internet

Argentina
Instituto nacional de estadística y censos
www.indec.mecon.gov.ar

Canadá
Canadá estadísticas
www.statcan.ca

Bolivia
Instituto nacional de estadística
www.ine.gov.bo

Brasil
Fundacao instituto brasileiro de geografía e estadística (IBGE)
www.ibge.gov.br

Chile
Instituto nacional de estadísticas
www.ine.cl

Colombia
Departamento administrativo nacional de estadística (DANE)
www.dane.gov.co

Costa Rica
Instituto nacional de estadísticas y censos
www.inec.go.cr

Ecuador
Instituto nacional de estadística y censos
www.inec.gov.ec

El Salvador
Ministerio de economía
www.minec.gob.sv

España
Instituto nacional de estadística
www.ine.es

Estados Unidos
U. S. Census Bureau
www.census.gov

Guatemala
Instituto nacional de estadísticas
www.ine.gob.gt

México
Instituto nacional de estadística, geografía e informática (INEGI)
www.inegi.gob.mx/inegi

Paraguay
Dirección general de estadística y censos (DGEEC)
www.dgeec.gov.py

Perú
Instituto nacional de estadística e informática (INEI)
www.inei.gob.pe

Uruguay
Instituto nacional de estadística (INE)
www.ine.gub.uy

Venezuela
Oficina central de estadística e informática (OCEI)
www.ocei.gov.ve

Organizaciones internacionales

Banco mundial
www.worldbank.org

Fondo de población de la ONU
www.unfpa.org

UNESCO
www.unesco.org

PNUD
www.undp.org

FAO
www.fao.org

ILO
www.ilo.org

UNICEF
www.unicef.org

Comisión económica para América Latina y el Caribe (CEPAL)
www.eclac.org

Índice

Las páginas en **negritas** desarrollan el tema en profundidad.

Aborto, 18, 25, 39, 40, 75-79
Acuerdo de Amsterdam, 90
Acuerdos de Schengen, 90
Adultos, 20, 22, 42, 43, 45, 48, 49, 53-55, 57, 75, 88, 91, 101, 102, 110
África, 7, 15, 16, 19, 21, 22, 29, 40, 44, 45, 50, 51, 53, 55, 56, 71-74, 78, 79, 82, 84, 87-89, 94, 96, 98-100, 102-108, 115-117
Alcohol, 19, 54, 55, 58, 59
Alemania, 13, 23-25, 37, 67, 84, 87, 90, 91, 111, 118
Analfabetismo, 8, 10, 116
Andorra, 13
Anticoncepción, 37, 39, 66, 70, 71, 75, **76-78**
Arabia Saudí, 19, 20, 71, 90
Aristóteles, 36
Baby-boom, 65
Bangla Desh, 13, 15, 53, 56, 58, 71, 87, 99, 103
BCG, 52
Biotecnologías, 113
Birth control, 38
Botswana, 74, 87, 101,102
Bourgeois-Pichat (Jean), 59, 60
Brasil, 12, 13, 16, 50, 67, 77, 78, 90, 109, 115, 117
Bwa, 75, 97
Calmette (Albert), 52
Canadá, 32, 36, 56, 77, 83, 84, 87, 89, 90
Cánceres, 53, 60
Censo, 8, **10-11**, 19, 92
Centenarios, 19
Centro de planificación familiar, 26, 38, 43, 77
Centros de poblamiento, **14-15**
China, 7, 11, 12, 13, 14, 15, 17, 18, 19, 30, 38, 39, 41, 42, 44, 45, 53, 56, 58, 62, 65, 66, 68, 70, 76, 80, 84, 87, 89, 93, 99, 103, 107, 110, 111, 115
Ciudades, 11, 16, 34, 75, 80, 87, 91, 93, 94, 104, 105, 107, 108
Clandestinos, 87, 88
Coale (Ansley), 32
Corea, 14, 17, 18, 19, 44, 45, 53, 66, 70, 83, 91, 111

Crecimiento anual, 30, 31, 33, 39, 96, 117
Crecimiento de la población mundial, 21, 27, **28-30**, 98
Crecimiento demográfico, 7, 28, 34, 39, 48, 75, 112
Crecimiento migratorio, 13
Crecimiento natural, 13, 32, 33, 35, 119
Crisis demográfica, **67-69**
Crisis económica, 24, 56, 66, 67, 108
Cuarta edad, 49, 111
Defunciones, 13, 23, 25, 31, 32, 33, 34, 48, 49, 53, 58, 78, 79, 98, 101, 102
Densidad, 14, 15, **16-17**, 71, 74, 90, 104
Descenso de la fecundidad, 21, 23, 25, 27, 39, 41, 43, 45, 53, 65, 66, 68, 111
Descenso (o disminución) de la mortalidad, 19, 21, 32, 33-35, 39, 41, 46, **48-52**, 54
Desigualdad, 19, 46, 51, **56-57**
Diferencial de mortalidad, 57
Distribución de la población, 40, 108
Ecuación demográfica, 13
Edad mediana, 110, 111
Egipto, 13, 19, 74, 87, 115
Emigrantes, 13, 86
Encuestas, 56, 64, 74, 75
Enfermedades, 7, 19, 35, 51, 52, 53, **54-55**, 57, 58, 59, 60, 61, 71, 112, 113
Enfermedades de la abundancia, 55, 57
Enfermedades sociales, 19, 60
Envejecimiento, 26, **41-45**, 48, 49, 52, 53, 60, 91, 111, 112, 113
Epidemias, 29, 37
Equilibrio demográfico, 35, **43-45**
Esperanza de vida al nacer, 48, 49, **50-51**, 56, 59, 96, 119
Estabilización de la población, 94, **96-97**
Estados Unidos, 11, 12, 13, 16, 31, 32, 34, 38, 39, 44, 45, 56, 57, 70, 77, 78, 82, 83, 84, 86, 87, 89, 90, 93, 115
Esterilización, 66, 76, 77
Estrategias migratorias, 86
Etapas de la transición demográfica, 32
Etiopía, 13, 74, 88, 90

Europa, 14, 16, 19, 22, 39, 40, 44, 45, 50, 56, 64, 66, 67, 68, 69, 70, 72, 77, 79, 80, 84, 86, 87, 88, 89, 90, 91, 98, 102, 103, 112, 116, 117, 118
Evolución de la población mundial, 29, 97
Factor biológico, 58
Factor de conducta, 58
Fecundidad, 20, 21, 22, 23, 24, 25, 26, 31, 38, 39, 41, 42, 43, 44, 45, 46, 53, 60, 62, 64, 65, 66, 67, 68, 69, **70-75**, 77, 79, 91, 96, 97, 98, 100, 102, 111, 112, 113, 116, 119
Filipinas, 10, 13, 19, 77, 84, 87, 115
Flujos migratorios, 82, 86, 87
Francia, 11, 13, 15, 18, 19, 30, 33, 36, 38, 48, 49, 52, 53, 56, 57, 61, 64, 69, 77, 80, 87, 90, 91, 92, 118
Galton (Francis), 37
Genoma humano, 113
Graunt (John), 18
Guérin (Camille), 52
Guerra del Golfo, 19, 90
Guerras, 8, 18, 23, 24, 35, 37, 69, 85
Hambruna, 23, 25, 32, 37, 59, 115, 117
Hipótesis de fecundidad, 97, 98
Hongo (Kamato), 60
Huérfanos, 102
Hukou, 93
India, 12, 13, 15, 19, 30, 38, 55, 66, 68, 71, 84, 87, 88, 90, 99, 111, 115
Indicadores de la fecundidad, 66
Indonesia, 12, 13, 14, 16, 80, 84, 87, 105, 115
Infraestructura, 35, 39, 43, 51, 58, 103, 104, 117
Inmigración, 19, 20, 36, 45, 82, 89, 90, 91, 97
Inmigrantes, 13, 82, 83, 88, 89, 91, 92
Instituto Pasteur, 61
Irán, 13, 75, 84, 85, 90
Irlanda, 32, 117, 118
Isla de Ellis, 83
Italia, 13, 14, 21, 37, 65, 66, 68, 75, 84, 90, 91, 100, 111, 115, 118
Japón, 13, 14, 17, 37, 40, 44, 51, 56, 66, 68, 69, 70, 77, 82, 84, 86, 87, 88, 91, 100, 111, 116

124

Jóvenes, 20, 21, 22, 34, 41, 42, 43, 44, 45, 48, 49, 52, 53, 57, 58, 67, 68, 75, 91, 93, 100, 102, 110, 111, 116
Kenya, 74, 75, 78
Landry (Adolphe), 28, 32
Limitaciones europeas, 90
Longevidad, 41, 42, 45, **59-61**
Malí, 22, 71, 74, 75, 78, 84, 87, 97, 100
Malta, 13, 118
Malthus (Robert), 37, 67
Malthusianismo de los pobres, 67
Mapa de luces nocturnas, 8-9, 15
Maquiladoras, 93
Más de 65 años, 22, 41, 43, 44, 45, 91
Megalópolis, 34, 105, 109
Menos de 15 años, 21, 22, 41, **44**, 110
México, 7, 13, 15, 16, 33, 34, 35, 39, 67, 70, 71, 77, 78, 80, 81, 86, 87, 89, 109
Migración ilegal, 10, 34, 82, 86, 87, 89, 90, 93, 96
Migraciones, 13, 19, 32, 36, 45, 70, 75, 80, **81-93**, 96
Migraciones de capacidades, 88
Migraciones de reemplazo, 91
Migraciones internacionales, 19, 80, 82, 84, 90, 92
Migraciones internas, 80, **92-93**
Migraciones políticas, 88
Missing women, 19
Modelos de evaluación de la fecundidad, **64-66**, 74
Mortalidad, 13, 19, 21, 22, 31, 32, 33, 34, 35, 38, 39, 41, 43, 46, 48, 49, 51-61, 64, 69, 74, 75, 79, 97, 98, 100, 113
Mortalidad femenina, 48, 58
Mortalidad infantil, 21, 41, 46, 49, 51, 52, 56, 74, 75, 119
Mujeres, 8, **18-20**, 21, 22, 24, 25, 40, 46, 52, 56, 57, 58, 59, 66, 68, 69, 71, 75, 76, 77, 78, 79, 86, 87, 90, 93, 97, 98, 102, 116, 119
Nacimientos, 7, 13, 18, 23, 24, 25, 31, 32, 33, 34, 36, 37, 39, 40, 65, 66, 67, 68, 69, 74, 75, 76, 77, 78, 119
Naciones unidas (O.N.U.), 10, 20, 22, 35, 38, 56, 88, 91, 96, 97, 101, 103, 105, 109, 114, 116, 117

Nigeria, 13, 15, 16, 22, 74, 104, 108, 115
Número de hijos por mujer, 38, 41, 43, 56, 64, 65, 66, 67, 68, 69, 70, 71, **72-73**, 74, 75, 78, 79, 91, 113, 117
Notestein (Frank W.), 32
Omran (Andel R.), 59
Orfanato, 40
Pakistán, 12, 13, 19, 71, 84, 85, 90, 99
Paludismo, 35, 53, 55, 71, 113
País de tránsito, 80, 82, **89-90**
País expulsor (o de salida), **87**
País receptor (o de llegada), 87, **89-91**
Países desarrollados, 21, 22, 39, 40, 42, 56, 58, 72, 88, 97, 100, 106, 116
Países en desarrollo, 12, 22, 35, 64, 65, 66, 67, 71, 76, 78, 105, 110, 116
Países «pasarela», 89
Países petroleros, 19, 85, 86, 90
Personas de edad avanzada (o adultos mayores, o ancianos), 18, 21, 22, 41, 42, 43, 44, 45, 48, 49, 52, 53, 58, 59, 60, 61, 91, 94, 110, 111, 116
Píldora, 38, 41, 66, 76, 77
Pincus (Gregory Goodwin), 76
Pirámide de edad, 20, 21, 22, **23-25**, 41
Planificación familiar, 26, 38, 39, 43, 66, 75, 76
Platón, 36
Población de los países pobres, 100
Población mundial, 7, 10, 13, 14, 15, 18, 21, 26, 28, 29, 30, 31, 94, 96, 97, 98, 99, 105, 110, 111, 116
Poblamiento, **14-17**, 29, 109
Políticas de limitación de nacimientos, 65
Políticas de población, 35, **36-37**
Postransición, **112**
Preservativo, 77, 102
Prevención, 35, 77, 102
Profilaxis, 35
Proyecciones al 2050, 96, 97, **98-100**, 105
Refugiados, 85, 88, 90, 93
Reino Unido, 13, 87, 91
Relación de dependencia, 43, 44, 45
Reproducción, 37, 69
Revisión 2002, 96
Revolución anticonceptiva, **76-79**
Revolución demográfica, 28, 32
Revolución gris, **110-111**

Ritmos de una transición, **33-35**
Rusia, 12, 13, 23, 24, 25, 56, 57, 67, 70, 84, 87, 91, 100
San Marino, 13
Sauvy (Alfred), 35, 86
Sex-ratio (o índice de masculinidad), 18, 19
Sida, 7, 45, 51, 55, 58, 61, 77, 79, 94, 97, 98, **101-102**, 113, 117
Sobremortalidad masculina, 54, 57
Suecia, 33, 34, 35, 41, 56, 111, 118
Tabaco, 19, 55, 57, 58, 59, 60
Tabla de mortalidad, 49, 59
Tailandia, 13, 45, 66, 68, 87
Tasa de crecimiento natural, 13, 119
Tasa de mortalidad, 13, 32, 33, 58, 118, 119
Tasa de natalidad, 13, 32, 33, 67, 68, 118
Tasa de urbanización, 103, 106
Tercera edad, 26, 41, 45, 49
Tiempo de duplicación de una población, 30
Transferencia de fondos, 87
Transición demográfica, 21, 27, **31-34**, 41, 45, 48, 64, 70, 71, 112
Transición sanitaria (o en términos de salud), 50, **53**, 58, 60
Transición urbana, **106-107**
Trastocamiento de los flujos migratorios, 86
Turquía, 13, 80, 87, 89
Umbral de reemplazo generacional, 64, 68, 69, 72
Urbanización, 34, 48, 79, 93, **103-107**, 116
Vacunas, 35, 51, 52, 55, 102, 113
Vallin (Jacques), 43, 50, 104, 106
Valores religiosos, 75
Varones, 7, 8, **18-20**, 21, 22, 23, 24, 25, 28, 39, 46, 54, 56, 57, 58, 59, 74, 76, 82, 83, 87, 93, 102, 107, 112, 114, 117, 119
Ventana demográfica, 26, 43
Vietnam, 13, 66
Vincent (Paul), 59
Viruela, 52, 55
Zimbabwe, 74, 101, 102
Zonas marginales, 34, 67, 105, 109

Créditos de las ilustraciones

Fotografías

Portada © P. Zachamnn/Magnum (fondo) – © R. Jones/Rea (viñeta);
Página 1 © B. Glinn/Magnum; 3 © L. Manning/Corbis © P. Henley/Cosmos;
4-5 © P. Bialobrzeski/Rea; 6 © K. Dannemiller/Saba/Rea; 8-9 © SPL/Cosmos;
11 © A. Gesgon/CIRIP; 12 © M. Henley/Cosmos; 14 © J. Vink/ Magnum; 15 © SPL/Cosmos;
18 © P. Bessard/Rea; 20 © Abbas/Magnum; 23 © Bettmann/Corbis; 26-27 © P. Hahn/Laif/Rea;
28 © Christophe L.; 31 © Corbis; 32 © Bettmann/Corbis; 34 © D. Butow/Rea;
36 © Archives Larbor; 37 © Archives Larbor; 38 © P. Henley/Cosmos; 39 © A. Gesgon/Cirip;
40 © P. Zachmann/Magnum; 42 © L. Manning/Corbis; 43 © Bettmann/Corbis;
46-47 © Tompkinson/SPL/Cosmos; 49 © AKG; 52 © Archives Larbor; 54 © P.G./Magnum;
55 © T. Brain/SPL/Cosmos; 57 © Kulish/Rea; 59 © M. Fourmy/Rea; 60 © Ikeda/Sipa;
61 © P. Almasy/Corbis; 62-63 © S. Franklin/Magnum; 65 © Bettmann/Corbis;
69 © H. Kerherve/Cosmos; 71 © Abbas/Magnum; 76 © Bettmann/Corbis; 77 © Corbis;
78 © Abbas/Magnum; 80-81 © S. Andras/Rea; 83 © Bettmann/Corbis;
86 © A. Webb/Magnum; 88 © D. Ridley/Cosmos; 90 © M. Nascimento/Rea;
92 © T. Hoepker/Magnum; 94-95 © Tompinkson/SPL/Cosmos; 96 © A. Webb/Magnum;
100 © F. Perri/Cosmos; 102 © F. Zizola/Magnum; 103 © P. Henley/Cosmos;
108 © R. Depardon/Magnum; 109 © Abbas/Magnum; 110 R. Jones/Sinopix/Rea;
111 © Hulton Deutsch/Corbis; 112 © F. Perri/Cosmos; 113 © J. King/SPL/Cosmos.